좋은 질문은 해답과
같은 힘을 지닌다

좋은 질문은 해답과
같은 힘을 지닌다

권민창 지음

함께
BOOKS

2장_ 질문의 5P 효과

3장_ 어떻게 생각할 것인가?

4장_ 인생을 변화시키는 질문들

5장_ 좋은 질문을 위한 훈련

질문을 두려워하는 사람들

2018년 8월, 내게 모교 강연의 기회가 주어졌다. 나의 모교에서는 각계에 진출하여 사회생활을 하는 동문을 초청하여 한 달에 한 번 특강을 하는 프로그램을 기획하였는데 이번 행사의 강연자로 내가 선정되었다. 고등학교 시절, 전교생이 모인 강당에서 강연을 하는 강사들을 보며 '나도 저 자리에서 후배들에게 좋은 영감을 줄 수 있는 사람이 되고 싶다'는 포부를 가졌다. 꼭 해보고 싶었던 일이었기에 심혈을 기울여 강연 준비를 했다. 우선 사전조사를 위해 학교에 전화를 해서 요즘 학교에는 어떤 이슈가 있는지, 학년별 주요 관심 사항은 무엇인지를 문의하여 정리했고 학창시절 앨범을 뒤적이며 어떻게 하면 좀 더 공감할 수 있는 강연을 후배들에게 들려줄 수 있을까를 고민했다.

학창 시절, 강단 위에서 강연하던 강사들에게 느꼈던 감정들이 떠올랐다. 특히 지금도 생각나는 인상 깊었던 강연이 있었는데, 강사는 서울대학교 국어국문학과 출신의 선생님이었다. 그는 〈죽음의 수용소에서〉라는 책을 소개하며 강연을 하였는데, 결론은 "인간은 어떤 극한 상황에서도 자신의 의지대로 인생을 선택할 자유의지가 있다"는 내용의 강연이었다. 그러나 나는 매우 유익한 강연이었다는 생각은 있었지만 의문점이 생겼다.

'극한의 상황 속에서 자신의 의지로 자유를 찾은 사람은 극소수였는데, 소수의 행동을 전체의 의지라고 결론을 내리는 것이 맞는 것인가, 그렇다면 나머지 다수는 극소수를 위한 들러리라는 말인가?'

이와 같은 의문이 들어 질문을 하고 싶었지만, 전교생이 모인 곳에서 "질문 있습니다!"하며 손을 들 자신이 없었다. 결국 그렇게 그 의문점은 정리되지 않은 실타래처럼 내 가슴에 남았다.

나의 강연을 듣는 후배 중에도 강연내용 중, 10여 년 전 나와 같은 의문점이 있을지 모른다는 생각이 들었다. 그래서 나는 다음과 같은 이야기로 이야기를 시작했다.

"어린 시절, 어머니와 함께 마트에 가면, 나는 먹고 싶은 과자를 이것저것 많이 고르고 싶었지만 어머니는 과자를 하나만 고르게 하였습니다. 꼭 하나만 골라야했기에 나는 부피가 크고 과자가 많이 들어있을 것 같아 보이는 과자봉지를 선택했습니다. (포카칩 사진을 띄우며) 이 과자는 언뜻 보면 굉장히 커 보이죠? 하지만, JYP의 '공기 반 소리 반'

이라는 말처럼 이 과자봉지 안의 내용물은 질소 반, 과자 반이었습니다. 나는 많은 양의 과자가 들어있을 것처럼 보이는 겉모습과 달리 실제로는 내실이 형편없었기에 실망을 했습니다. 그런 경험을 겪은 이후, 나는 과자를 고르는데도 생각을 하게 되었습니다. (브이콘 사진을 띄우며) 혹시, 이 과자 아시나요? 브이콘이라는 과자입니다. 과자봉지의 크기는 포카칩과 비교가 되지 않을 정도로 작지만 이 과자봉지를 뜯었을 때 나는 매우 기뻤습니다. 과자봉지 안에는 과자가 가득 담겨 있었기 때문에 내게 큰 만족감을 주었던 기억이 있습니다.

사실 나는 여러분이 지금까지 만났던 강연자들에 비해 경험과 스펙은 부족할지 모릅니다. 하지만 몸집을 포카칩처럼 질소로 불리기보다는, 작지만 속이 알찬 브이콘과 같이 내실이 있는 강연을 하고 싶습니다. 하지만 오늘의 강연을 알차고 내실이 있도록 완성시키는 것은 강사 혼자의 힘으로는 부족합니다. 10여 년 전, 이 강당에서 지금 여러분처럼 강사의 강연을 들으며 궁금한 점이 있었던 학생이 있었습니다. 하지만 그 학생은 주변의 시선 때문에 강연 내용 중 자신이 느낀 의문점을 끝내 질문하지 못했고, 그 의문점은 지금까지도 풀리지 않은 실타래처럼 가슴에 남아있습니다. 그 학생이 바로 여러분에게 강연을 하기 위해 지금 강단에 올라와 서 있는 본 강사입니다. 여러분은 그러지 않길 바랍니다. 궁금한 점이 있다면 망설이지 말고 질문해주십시오. 이런 걸 질문해도 될까? 하는 것도 모두 질문해 주십시오. 질문은 다수를 일깨워주는 힘이 있습니다. 여러분과 함께 궁금증을 공유하고 각자의 의견을 함께 나누는 분위기를 만들었으면 좋겠습니다. 좋은 강연은 질문을 통해 완성됩니다. 그럼 강연을 시작하도록 하겠습니다."

　강연을 시작하며 어떤 질문이라도 받아주겠다는 강사의 말에, 후배들은 질문할 내용이 있으면 놓치지 않겠다는 듯이 강연에 집중하는 것 같았다. 강연 중에 내가 질문을 하면 후배들은 적극적으로 대답하려고 했고 지루해하거나 관심을 보이지 않는 학생은 눈에 띄지 않았다. 나는 두 시간의 강연시간을 한 시간 사십 분 정도 강연을 한 후, 나머지 시간은 후배들의 질문을 받기로 기획했다.

　내 강연을 듣고 많은 질문이 있을 것이라고 생각했지만 아무도 손을 들지 않았다. 많은 질문을 기대했던 나는 '내가 좋은 강연을 하지 못했나보다'는 생각이 들었다. 잠시 강단에 선 채로 후배들의 질문을 기다렸지만 손을 들어 질문을 하는 학생이 없다는 것을 확인하고 마무리말로 다음과 같이 말했다.

　"개인적으로 질문할 것이 있는 학생은 강연이 끝난 후에도 찾아오면 답변해주겠습니다."

　강연을 마치고 오늘의 강연을 주선해주신 담당 선생님과 식사약속이 되어 있었기에 퇴장하지 않고 강단 한 쪽의 의자에 앉아있었다. 하지만 잠시 후에 깜짝 놀랄 일이 벌어졌다. 50명이 넘는 학생들이 질문을 하기 위해 나를 찾아온 것이다. 학생들의 질문에 일일이 답변을 해주느라고 늦은 식사를 했다. 나는 식사를 하면서 다음과 같은 생각을 했다.

'왜 사람들은 다수 앞에서 질문하기를 두려워하는 걸까?'

찾아온 학생들의 질문은 학생입장이라면 당연히 궁금할 내용들이었고, 어떤 질문은 답변을 하려면 '정말 공부를 열심히 해야겠구나.'라는 생각이 들 정도의 좋은 질문들도 있었다.

아쉬웠다. 모교의 후배들이 모두 경청하고 있던 강연시간에 그러한 질문을 함께 공유하고 또한 그 자리에서 답변을 해주었다면, 더욱 창의적인 질문이 많이 나왔을 것이라는 생각에 아쉬운 마음이 들었다.

모교에서의 강연 이후, SNS를 통해 후배들의 친구신청이 쇄도했다. 그들은 저마다 자신의 고민거리를 글로 작성하여 올렸다. 강연시간에는 여러 사람 앞에서 용기를 내지 못해 차마 질문을 하지 못했다며 자신들의 이야기를 진솔하게 털어놓았다. 나는 후배들의 고민에 대하여 선배로서 친절하게 답변해주었다. 후배들은 자신들의 이야기를 진솔하게 들어줄 사람이 없었는데 앞으로도 SNS를 통해 궁금한 것을 질문해도 되느냐며 고마워했다. 또 후배들 중에는 SNS 상에서조차 묻는다는 것이 부끄러워 친구에게 대신 질문해 달라는 후배도 있었다고 한다.

나는 사람을 두 부류로 나누어 생각해 보았다. 궁금한 것을 묻고 깨닫는 사람과 궁금한 것을 묻지 않고 모르는 채로 그냥 지내는 사람, 즉 질문하는 사람과 질문하지 않는 사람으로 구분해 본 것이다.

사람이 자신이 꿈꾸는 어떤 일에 대하여 불안하고 두려움이 생기는 이유는, 그 어떤 일에 대하여 모르기 때문이다. 그렇기에 물어야 한다. 그래서 그 어떤 일에 대하여 알게 되면 비로소 불안함과 두려움이 사라지는 것이다.

이 책은 질문의 중요성을 강조하기 위해 기획된 책이다. 결론적으로 말하자면, 궁금한 점에 대하여 〈물음〉으로써 깨닫는 사람은 지속적으로 성장하며 자기주도적인 삶을 살 것이다. 왜냐하면 질문은 능동적으로 행동할 수 있게 하는 계기가 되기 때문이다.

사람은 누구나 의문을 갖게 되는 문제에 직면하면서 삶을 영위한다.

"이건 왜 이러지? 저건 왜 저럴까?"

"이 개념은 어떻게 생성된 걸까?"

이러한 궁금증이 생긴 문제를 묻고 이해해서 자신의 지식으로 만드는 사람과 모르면서도 모르지 않는 척하며 결국 모르고 넘어가는 사람은 목적성, 동기부여, 사리분별력 등 모든 부분에서 뒤처지게 된다. 그리고 모름의 답답함을 안고 인생을 살아감으로서 삶의 만족도와 성취도는 점점 더 떨어지게 된다. 그래서 결국 모르는 사람들은 자기 주도적인 삶을 살지 못하고, 아는 사람들의 지배를 받으며 피동적인 삶을 사는 것이다.

그렇다면 자기 주도적인 삶을 살기 위해서는 어떤 노력을 해야 할까?

이 책에서는 학교나 직장에서 대화를 편안하게 이끄는 사람들은 어떤 질문을 하는지 또한 어떤 식으로 질문을 해야 자신이 원하는 답을 도출할 수 있는지에 대해 알아보려고 한다.

세상이 복잡해지고 다양한 지식이 증가할수록 다양한 문제 해결 능력을 필요로 하게 되었다. 그래서 세상의 변화에 맞춘 다양한 공부가 필요하겠지만 사람의 능력으로는 세상의 모든 것을 다 알 수는 없다. 그러므로 모르는 지식에 대하여는 〈물음〉을 통해 깨우쳐야 한다. 그래야만이 당면한 어려운 문제 앞에서도 당황하거나 불안해하지 않게 된다. 그러므로 문제 해결의 열쇠는 바로 질문, 즉 〈물음〉이다.

'수치불문(羞恥不問)' 이 사자성어의 뜻은 '모르면서 묻지 않는 것을 부끄러워하라' 이다. 무지는 평생 자신을 괴롭힌다. 의문이 나는 점이나 궁금한 것에 대해서는 물어야 한다. 우리는 〈물음〉을 통해 성장한다.

1장

질문, 인생을
변화시키다

관계의 시작은 질문이다

　나는 글을 집필하고 강연하는 사람이다. 때문에 좋은 소재의 콘텐츠를 찾기 위해서 또한 공부하는 마음으로 SNS를 이용하여 인터넷 강의를 자주 시청한다. 그 중 관심을 갖고 시청하는 채널이 있다. 〈제이라이프스쿨〉 학원에서 운영하는 '3% 커뮤니케이션' 프로그램이다. 각 분야에서 두각을 나타내는 3% 사람들의 대화법을 소개하며 매주 2회 강의를 하는 프로그램인데, 새로운 주제의 콘텐츠를 선정하여 시청자가 이해하기 쉽도록 방송을 한다.

　나는 자주 강의를 시청하며 많은 도움을 받고 있다. 그러다보니 〈제이라이프스쿨〉의 원장이며 직접 강의까지 하는 그 분을 직접 만나보고 싶다는 생각이 들었다. 하지만 직접만나서 조언을 듣고 싶다는 마음은 간절했지만, 대표님은 평일 오전에 강의를 진행하였고 공교롭게도 나의 업무시간과 겹쳐있기 때문에 좀처럼 만날 기회를 포착하기가 쉽지 않았다. 또한 일면식도 없는 사람이 무작정 만나자고 하면 결례가 될 것 같다는 생각도 있었다.

며칠 후, '3% 커뮤니케이션' 특강 홍보 광고가 SNS에 올랐다. 홍보의 글은 강의특색을 잘 표현했다는 생각을 갖게 하는 문구였는데, 꼼꼼히 읽어보던 중 오타 한 글자를 발견했다. 그리고 생각했다.

'이 오타를 어떤 방법으로 전달해야 좋을까?'

모든 사람에게 노출되는 SNS 상으로 '오타가 있습니다. 고치면 좋을 것 같아요.'라고 하는 것보다 대표님의 개인 메시지로 이 사실을 전하는 것이 좋을 것 같다는 판단으로 대표님의 개인 메일로 메시지를 보냈다.

'안녕하세요. 대표님, 3% 커뮤니케이션에서 올린 특강에 관한 홍보 글과 스피치 영상 잘 보았습니다. 특강이 매우 기대됩니다. 그런데 홍보 글을 읽던 중 오타를 발견했기에 알려드리기 위해서 글을 올립니다.' 이와 같은 글과 함께 수정사항을 메모하여 보냈다.

곧 대표님의 답장이 도착했다.

'민창 님, 정말 감사합니다. 보내주신 메시지에서 배려의 마음을 느낄 수 있었습니다. 그래서 학생들에게 메시지의 내용을 소개했답니다. 배려가 깃든 메일 감사드립니다.'

대표님의 빠른 답장에 나 또한 곧 답장을 보냈다.

'대표님, 저의 메시지에 빠른 답변 감사드립니다. 대표님께 드리고 싶은 말씀은 제가 거주하는 지역이 먼 거리에 있으며 또한 대표님의 강의시간과 저의 근무시간이 동일한 시간대이므로 직접 수강하기는 어렵지만 영상을 통해 큰 가르침을 얻고 있습니다. 저 역시 대표님처럼 누군가의 마음을 움직이는 사람이 되고 싶은 사람입니다. 혹시, 제가 평일에 시간을 내어 대표님을 만나러 가고 싶은데 저를 위해 시간을 내어주실 수 있으십니까?'

대표님의 답장이 곧 도착했다.

'당연하죠. 언제든 오세요. 기다리겠습니다.'

며칠 후, 전화로 약속을 정한 후, 대표님을 만나러 갔다. 그날 대표님은 거의 한나절을 나와 함께 시간을 보냈다. 나는 처음 만난 사이였지만 마치 오랫동안 만난 분 같다는 생각이 들었다. 그 후, 대표님과 나는 형님 아우 사이가 되었으며, 지금도 수시로 연락하며 인연을 이어가고 있다. 돌이켜보면, 내가 무작정 오타만을 지적했거나 다짜고짜 만나자고 했다면 대표님과 나의 인연이 이렇게 좋게 이어질 수 있었을까하는 생각이 든다.

대표님께서 자신의 하루를 온전히 나와의 만남에 시간을 허락했던 것은 나에게서 어떤 '특별함'을 느꼈기 때문이지 않을까?

그 '특별함'은 '어떻게 하면 좋은 모습으로 대표님에게 다가갈 수 있을까?'라는 질문을 나에게 끊임없이 자문했기 때문이라고 생각한다.

나는 내 관심분야이기 때문에 대표님의 강의 영상을 빠짐없이 챙

겨보면서 '배울 점이 많은 분이구나.'라는 존중하는 마음을 간직하고 있었으며 또한 서로 배려가 깃든 대화를 통해 좋은 인연으로 발전할 수 있었을 것이다.

우리 주변에는 독선적이고 이기적인 행동으로 인간관계가 원만하지 못하고, 또한 대화의 자리를 불편한 상황으로 만드는 사람을 볼 수 있다. 스스로는 별다른 문제가 없다고 생각하는지 모르지만 그러한 사람과 대화를 나누어보면 크게 두 가지 공통점을 발견할 수가 있다.

첫째, 상대방의 기분이나 상대를 배려하는 마음이 없이 일방적으로 자신의 이야기만 한다는 것이다. 즉 대화는 서로 말을 주고 받아야 하는데, 자신의 이야기를 하느라 상대방의 반응을 살필 겨를이 없다. 그렇기에 상대방에 대해서는 파악하지도 못하고 자신이 대화를 이끌어간다고 착각하는 것이다. 대화는 핑퐁게임과 같아서 서로 주거니 받거니 하며 서로를 파악하고, 공통된 주제를 찾아가면서 서로의 이견을 좁히며 상호존중의 관계를 형성하여 돈독한 관계로 발전하는 것이다.

둘째, 상대방에 대한 배려가 부족하다. 오로지 자신의 기준대로 상대방을 대하고 상대방은 그에 맞춰야 한다고 생각한다. 이런 경우, 상대방은 당연히 마음을 열지 않는다. 상대를 배려하는 대화 몇 마디에 마음을 연다는 것을 명심하자.

"오시느라 많이 힘드셨죠? 귀한 시간 내주셔서 감사합니다."

"특별히 싫어하는 음식은 없으세요?"

"오시는 길이 혼잡하지는 않았습니까?"

이와 같이 상대를 배려하는 마음이 깃든 사소한 질문들이 상대방으로 하여금 자신이 존중받고 있다는 것을 느끼게 해준다. 상대에 대하여 존중하고 배려하는 마음이 있어야 상대의 마음을 얻을 수 있는 것이다. 누군가에게 호감이 갖고 있거나 도움을 받고 싶은 사람이 있다면 '어떻게 내 마음을 알릴 수 있을까?'를 자신에게 자문해보자.

대화의 자리에서는 상대방의 성향에 맞추어서 자신의 처신에 대하여 행동을 조절할 필요가 있다. 상대방이 말이 많은 스타일이라면, 주로 상대방의 말을 들어주며 중간 중간 대화의 맥락을 파악할 수 있는 질문들을 던져보자. 예를 들어 보자면,

"그 때 그 경험에서 어떤 감정을 느꼈는지 말씀해주실 수 있나요?"

반면, 상대방이 말이 없는 스타일이라면, 단답형으로 끝나는 질문들보다 가벼운 응답을 유도하는 질문을 해보자. 예를 들어 보자면,

"손이 무척 고우십니다. 실례지만 어떤 일을 하시는지 여쭤봐도 될까요?"

"이 일을 시작하게 된 계기가 있으신가요?

"이 일을 하시면서 가장 행복했던 적이 언제였나요?"

상대방을 존중하고 배려가 깃든 질문은 좋은 인상을 심어준다.

잊지 말자. 관계의 시작은 질문이다.

바라보는 힘, 질문의 관점

　시리아 내전은 2011년 2월, 십대 아이들이 담벼락에 남긴 낙서에서 시작됐다. 시리아 대통령은 독재자인 아버지의 뒤를 이어 시리아를 장기독재집권 중인 알 아사드다. 낙서를 한 아이들은 체포되어 고문을 당했으며 강제 구금되었다. 아이들의 석방을 요구하는 시위대를 정부는 유혈 진압했다. 이에 분노한 시위대는 알 아사드 대통령의 퇴진을 요구했고 시위는 전국으로 퍼져 나갔으며 유혈진압에 대응하여 무장저항으로 이어졌다. 알 아사드 정부를 축출하려는 반군과 이를 진압하려는 정부군 사이에 벌어진 이 내전으로 인하여 지금까지 40만 ~50만 명이 사망한 것으로 추정되고 있으며, 600만 명의 난민이 발생하였고 무려 1300여만 명이 내전으로 생사의 위기에 처해 있다. 이렇듯 피해 규모가 엄청나게 커졌고, 민간인 살상까지 이루어지자 미국은 시리아 내전에 개입하기로 결정한다.

이 시기에 영국을 방문 중이던 존 케리 미국 국무장관이 런던의 외무부 청사에서 2013년 9월 9일 오전 기자회견을 열었다. 기자회견장에 모인 대부분 기자들의 질문은 미국의 시리아 공격을 기정사실화한 관점에서 진행되었다. 언제 공습이 이루어지는지, 어느 정도 규모의 공습인지, 시리아의 대응에 대해 어떻게 대처할 것인지 등의 질문이 이어진 후 어느 여기자가 다음과 같은 질문을 했다.

"지금 이 시점에서 시리아가 미국의 군사공격을 피하려면 그들은 무엇을 해야 하나요?"

대부분의 기자가 미국의 시리아 공격에 포커스를 맞추어서 질문하고 있었지만 그 여기자는 미국의 공격을 피하려면 시리아가 어떤 행동을 해야 하는지에 관하여 질문을 한 것이다. 그 여기자의 이름은 마거릿 브레넌, CBS 방송국의 선임기자였다.

그녀는 미국이 시리아를 공격할 것이라는 주제의 기자회견장에서 공격을 막을 방법은 없는가? 라는 질문을 한 것이다.

존 케리 국무장관은 여기자의 질문에 잠시 생각을 한 후 말했다.

"시리아 정부가 다음 주까지 모든 화학무기를 국제사회 앞에 내놓으면 되지 않을까요? 하지만 결정은 알 아사드 시리아 대통령의 선택에 달려 있겠죠?"

같은 시각, 러시아에서는 세르게이 라브로프 러시아 외교장관이 모스크바를 방문 중인 왈리드 무알렘 시리아 외무장관과 회담을 하고 있었다. 이 자리에서 라브로프는 케리의 기자회견 내용을 보고받고 얼굴에 안도의 기색이 돌았다. 라브로프는 무알렘 시리아 외무장관을 보며 말했다.

"시리아의 화학무기 저장시설을 유엔 산하 화학무기 감시단의 감시 하에 두는 것뿐 아니라 순차적으로 폐기하는 방안을 시리아 정부에 정식으로 요청하겠습니다. 장관님의 생각은 어떻습니까?"

무알렘 시리아 외무장관 역시 환영의 뜻을 표했다.

시리아 외무장관과의 협의에 의한 러시아의 제안으로 존 케리 국무장관과 라브로프 러시아 외교장관은 제네바에서 회담을 열고 합의를 봄으로써 미국은 시리아 공습을 취소하겠다는 발표를 한다.

한 여기자의 다른 관점의 질문이 군사공격으로 치닫던 상황을 180도 방향을 돌려놓은 것이다. 그녀는 단지 생각의 관점을 바꿨을 뿐이다. 모두가 미국의 입장에서 생각할 때, 시리아 국민의 입장에서, 시리아의 평화와 안정을 위해서 어떤 조치를 취해야할까를 생각하고 질문했던 것이다.

애플은 1984년 매킨토시를 출시하며 컴퓨터 산업의 흐름을 바꾸어 놓았고, 2001년 아이 팟을 출시해 음악 산업을 전혀 새로운 차원으로 발전시킨 회사다. 애플은 2007년 사람의 기본적인 생각의 한계를 뛰어넘는 중대 발표를 한다. 그것은 가벼운 손의 터치로 컨트롤 할 수 있는 와이드 스크린 아이 팟과 혁신적인 모바일 폰 그리고 인터넷 커뮤니케이션 디바이스. 이 세 가지를 한 곳에 결합한 아이 폰을 개발하고 출시한다는 것이었다. 이 기술은 모토로라, 블랙베리, 노키아 등 세계적 글로벌 회사들이 출시한 휴대폰 하단에 위치한 플라스틱 키보드를 없애버리고 손가락으로 터치하는 '멀티터치'라는 신기술을 개발했다는 의미이기도 했다. 당시 핸드폰은 통화와 문자를 보내는 용도로만 사용되었고, MP3는 음악 감상, PMP는 인터넷 강의, 전자사전은 정보검색 등으로 각 기능이 나눠져 있던 시절이었다. 누구도 이 모든 기능을 한 곳에 담은 기계가 이토록 빨리 발명될 것이라고는 상상하지 못했지만, 애플은 이 모든 것을 해냈다고 발표한 것이다.

모두가 플라스틱 키보드가 달린 핸드폰을 현대과학의 집합체라며 감탄하고 있을 때, 애플은 '플라스틱 키보드를 없앤다면 어떨까?'라며 새로운 관점의 질문을 던졌던 것이다.

'전화 통화는 물론 문자도 보낼 수 있고, 음악 감상도 할 수 있는 휴대폰을 만들면 어떨까?'

'목소리만 듣는 전화가 아니라 서로 얼굴을 보며 대화를 할 수 있는, 휴대폰을 만들면 어떨까?'

이러한 관점을 바꾸는 질문들이 기업의 혁신을 주도하는 최정상의 애플을 만들었다.

나에게는 같은 시기에 학창시절을 보낸 사이는 아니지만 학교동문이라는 끈이 인연이 되어서 좋은 관계를 유지하며 지내는 존경하는 선배님이 있다. 선배님은 장성의 지위를 가진 군인으로서 정상의 자리에 있었지만, 항상 부하들의 목소리에 귀를 기울이고 스스로 자신을 낮추어 다른 사람과의 거리를 좁히기 위해 노력하는 사람이다. 나는 후배들의 귀감이 되고 있는 선배님을 지켜보면서 마음 깊숙이 따르게 됐다. 또한 선배님과는 글을 쓰고 강연을 한다는 공통점이 있기에 더욱 돈독한 관계가 될 수 있었다.

어느 날, 선배님과 강연 콘텐츠에 관한 대화를 하는 자리에서 '사람의 성향에 대한 이야기가 화제가 되었다. 선배님은 나에게 자신은 원래 내향적인 성격이었지만 그것을 극복하기 위해 많은 노력을 했으며 그 결과 지금은 외향적인 성격으로 바뀔 수 있었다는 이야기를 하며, '노력하면 안 되는 것이 없다'는 메시지를 나에게 전해주었다. 하지만 나는 선배님과 생각이 조금 달랐기에 조심스럽게 내 의견을 말했다.

"선배님, 컵 안에 물이 반이 담겨있는 것을 보고, 누군가는 물이 반이나 남았다고 하고 또 누군가는 물이 반 밖에 안 남았다고 합니다. 우리는 물이 반이나 남았다라고 하는 사람을 긍정적인 사람, 물이 반 밖에 안 남았다고 하는 사람을 부정적인 사람이라고 평가하는 경향이 있습니다. 그래서 물이 반이나 남았다고 하는 긍정적인 사람이 되어야 한다고 말합니다. 하지만 저는 생각이 다릅니다. 물이 반 밖에 안 남았다라고 말하는 사람은 언제든 위험을 대비한 마음을 안고 살아가는 사람이라고 생각할 수도 있습니다. 즉, 상황을 객관적으로 보는 사람이라고 할 수 있죠. 반면 물이 반이나 남았다라고 하는 사람은 긍정적이지만 추후의 일에 대한 계획이 약한 사람이라고 볼 수도 있습니다. 무조건적인 긍정이 매번 좋지만은 않은 것 같습니다. 마찬가지로 내향적인 성격도 그만의 장점이 있다고 생각합니다. 그러한 사람은 꼼꼼하고 세심하고 집중력이 좋죠. 선배님 역시 내향적인 성향이었기에 상대방을 더 세심하게 배려해주고 상황에 대한 날카로운 통찰력을 발휘하였기에, 지속적으로 훌륭한 경륜을 쌓는데 큰 도움이 됐다고 생각합니다. 그래서 저는 선배님께서 내향적인 성격과 외향적인 성격, 각각의 장점을 융합시키는 방법에 대한 강연을 하면 좋을 것 같다는 생각이 듭니다."

내 말을 부드러운 시선으로 경청하던 선배님은 나를 보며 말했다.

"오, 민창아. 정말 좋은 생각이다. 지금까지 난 내향적인 성격이 안 좋으니 고쳐야 한다고만 생각했는데 네 말을 듣고 보니 나의 그런 성격 덕분에 남들보다 좀 더 세심하게 주위를 살필 수 있었던 것 같은 생각이 드는구나. 좋은 말 들으니 정말 기분이 좋다. 지금까지 미처 생각하지 못했던 부분이다."

그 후, 선배님은 모 대학교에서 사람의 성향에 관한 강연을 하였는데 평소보다 더욱 긍정적인 평가를 받았다고 하며 기분 좋은 목소리로 전화를 했다.

고민하는 어떤 문제가 있다면, 관점을 한 번 바꿔 생각해 보자.

'만약 부모님이라면 어떻게 생각하셨을까?

'이것이 정말 옳은 방법일까? 아니라면 어떻게 해결하는 것이 좋을까?'

다른 관점의 질문을 통해 전혀 새로운 아이디어가 나올 수 있고 새로운 해결책이 나올 수 있다. 이것이 바로 관점을 바꾸는 질문의 힘이다.

단순한 질문의 위력

〈어린왕자〉를 저술한 프랑스의 작가 앙투안 드 생텍쥐페리는 단순함에 대해 다음과 같이 정의했다.

"완벽함이란 화려하고 복잡한 것이 아니라 단순한 것이다. 그것은 더 이상 보탤 것이 남아 있지 않을 때가 아니라 더 이상 뺄 것이 없을 때 완성된다."

사우스웨스트 항공사는 미국의 저비용 항공사이다. 미국 항공사업이 대부분 적자를 면치 못하는 시기에 사우트 웨스트 항공사는 25년 동안 줄곧 흑자를 기록해왔다. 사우스웨스트가 저비용 항공사로써 성공을 이룰 수 있었던 이유는, 마케터부터 수하물 담당자까지 비용절감에 대한 철저하고도 끈질긴 조직원들의 노력 때문이었다. 그들은 저비용 항공사로 살아남기 위해서는 불필요하게 소비되는 원가절감의 필요성을 숙지하고 있었던 것이다. 사우스웨스트 항공사는 서비스는 변함없이 유지하되 항공료는 가능하면 인상하지 않는 방법을 연구하기 위하여 수천 명에 달하는 직원들의 행동과 사고방식을 연구했다. 그렇지만 일사불란하게 직원들을 행동하게 할 수 있는 원동력은 확고한 오너의 경영철학이 있었기에 가능했다.

사우스웨스트 항공사의 최장수 재직 CEO 허브 켈러허 회장은 저비용 항공사의 성공비결을 취재하기 위해 찾아온 기자에게 성공 비결을 다음과 같이 말했다.

"우리 항공사의 성공비결을 말해줄까요. 아시다시피, 사우스웨스트 항공사는 가장 저렴한 항공사입니다. 이 점만 명심하면 어떤 결정이든 내릴 수 있습니다. 예를 하나 들어줄게요. 기자양반, 당신이 우리회사의 CEO라고 합시다. 어느 날 마케팅 부서의 트레이시가 CEO인 당신을 찾아와서 다음과 같이 보고합니다. "회장님, 고객들에게 설문조사를 했더니 휴스턴 발 라스베이거스 행 여객기 승객들이 비행 중간단한 식사를 제공받고 싶다는 결과가 나왔습니다."라고 말이죠. 그때까지 우리 회사가 휴스턴 발 라스베이거스 행 라인에 제공하는 간식거리는 간단한 땅콩만 제공되고 있었어요. 그 때 당신은 뭐라고 대답하겠습니까?"

질문을 받은 기자가 머뭇거리자 켈러허가 말했다.

"그럴 때는 이렇게 말하는 겁니다. "트레이시, 치킨시저샐러드를 제공해도 우리 회사가 가장 저렴한 항공사로 남을 수 있을까?"

오너로서 켈러허의 의도는 명백했다.

'우리는 가장 저렴한 항공사다.'

완벽함이란 더 이상 보탤 것이 남아 있지 않을 때가 아니라 더 이상 뺄 것이 없을 때 완성된다. 이는 아주 단순한 메시지지만 지난 몇십년간, 놀랍도록 효과적이고 유용한 방식으로 사우스웨스트 직원들을 이끌어왔다.

'우리는 가장 저렴한 항공사다'는 단순한 메시지는 직원들의 행동을 결정짓는 데 엄청난 위력을 발휘했다.

CEO 켈러허에게 많은 질문은 필요하지 않았다. 단지, 전 직원이 우리가 가장 저렴한 항공사로 남기 위해선 어떻게 해야 할까?라는 단순한 질문을 충족시키기 위해 노력했을 뿐이다.

그렇다면 단순한 질문이 왜 중요한지 알아보도록 하자.

유튜브 검색 창에 '보이지 않는 고릴라 실험'이라고 입력하면 여러 명의 남녀가 농구를 하는 영상이 나온다. 이 영상에서는 실험을 시작하기 전, "흰색 티셔츠를 입은 팀이 "패스를 몇 번 할까요?"라고 묻는 자막이 나온다. 패스를 몇 번 했는지에 대한 답은 영상의 끝부분에 나온다. 이 실험은 1999년에 소개된 이후 전 세계적으로 유명해졌다. 그래서 이 비디오 영상을 이미 접해본 독자들도 있을 것이다. 유튜브 영상을 보지 못한 독자들을 위해 이 비디오의 내용에 대해 요약하여 설명하면 다음과 같다.

"이 실험은 실험에 참가한 사람들이 비디오를 시청한 후 이들의 반응을 연구한 실험이다. 연구자는 실험참가자들에게 흰색 티셔츠를 입은 팀의 패스 횟수를 세어보도록 한다. 그리고 비디오가 돌아간다. 비디오 화면에는 흰색 티셔츠를 입은 사람 세 명과 검은 색 티셔츠를 입은 사람 세 명, 총 여섯 명이 동그랗게 모여 서로 농구공을 패스하는 장면이 나온다. 이들이 공을 주고받는 중, 검은 고릴라 의상을 입은 사람이 비디오 중앙으로 걸어 나와 가슴을 두드리면서 지나간다.

이 실험의 관점은 흰색 티셔츠를 입은 팀의 패스 횟수에 있는 것이 아니라, 실험에 참여한 참가자들이 검은 고릴라 의상을 입고 지나가는 사람을 보지 못할 수도 있다는 것을 증명하는 실험이다. 하지만 참가자들은 이러한 실험의도를 전혀 알지 못하고 있다. 비디오를 끝까지 시청하면 '흰 티셔츠를 입은 팀의 패스 횟수 16회, 하지만 고릴라는 보셨는지요?'라는 자막이 뜬다.

실험 결과, 약 30%의 참가자들이 검은 고릴라 의상을 한 사람이 지나가는 것을 보지 못했다. 다시 영상을 돌려보면서 참가자들은 검은 색의 고릴라 복장을 한 사람이 화면 오른쪽에서 들어와 이런저런 포즈나 동작을 취하고는 화면 왼쪽으로 사라진다는 사실을 알게 된다.

무엇 때문에 이런 현상이 일어나는 것일까?

가장 중요한 것은 '질문'이다. 이 실험에서 연구자는 실험 참가자들에게 "흰색 티셔츠를 입은 팀은 몇 번의 패스를 할까요?"라는 질문을 던졌다. 실험참가자들에게 '흰색 티셔츠를 입은 팀의 패스 횟수만을 의식하도록 질문을 던진 것이다.

이 실험을 진행한 하버드대학교의 타브리스 교수와 사이먼 교수는 이 실험 연구 발표장에서 다음과 같이 말한다.

"실험을 통해서 확인했듯이, 검은 옷은 입고 지나가는 고릴라를 보지 못한 것은 시력에 문제가 있어서가 아니다. 사람은 어떤 요소에 주의를 집중시킬 때, 다른 부분을 잘 보지 못한다. 즉 실험에 참가한 사람들은 흰색 티셔츠를 입은 세 명이 농구공을 몇 번 패스하는지 숫자를 세는 데 열중하고 있었기 때문에 고릴라가 눈앞에서 재롱을 부리며 지나가도 잘 모르고 있었던 것이다."

인간의 뇌는 무엇인가에 의식을 집중하면 그것에만 열중하는 특성이 있다. 그렇다면 실험참가자들에게 질문을 다음과 같이 바꾸어본다면 어떤 결과가 나올까?

"공을 던진 사람은 모두 몇 명인가? 그리고 공을 던지지 않은 사람은 몇 명인가?"

이러한 질문을 했다면, 아마도 고릴라를 쉽게 발견할 수 있었을 것이다. 이렇듯 사람의 의식은 질문이 무엇이냐에 따라 컨트롤이 가능하고, 사람의 뇌는 질문에 따라 집중하고 움직인다는 것이다.

'어떻게 하면 가장 저렴한 항공사로 남을 수 있을까?'라는 단순한 질문의 답에만 집중한 사우스웨스트 항공사의 CEO 허브 켈러허. 그는 '검은 옷을 입은 고릴라'에 신경 쓰지 않았기에 자신이 원하던 '저가형 항공사'의 이미지와 사고방식을 만들 수 있었다.

우리의 삶에도 한 번 적용해보자.

단단한 몸매를 만들고 싶다면 '운동 좀 해볼까?'라는 질문보다는 '어떻게 하면 박 서준 같은 몸매를 만들 수 있을까?' 또는 '3개월 동안 8kg의 군살을 빼기 위해서는 어떻게 해야 할 것인가?'라는 단순하지만 구체적인 질문을 스스로에게 던져보는 것이다.

'운동 좀 해볼까?'라는 질문은 거시적이다. 그러나 '어떻게 하면 박 서준 같은 몸매를 만들 수 있을까?', '3개월 동안 8kg의 군살을 빼기 위해서는 어떻게 해야 할 것인가?' 등의 질문은 구체적이다. 계획이 구체적이어야 박서준의 식단과 운동 방법을 네이버, 구글 등 여러 정보를 통해 알아볼 것이고, 그렇게 몇 개월간 꾸준히 노력한다면 박서준의 얼굴은 아니더라도 비슷한 몸매는 만들 수 있지 않을까?

당신은 지금 혼자의 힘으로는 해결하기 힘든 복잡한 상황으로 고민하고 있는가?

그렇다면 단순하게 생각하고 단순하게 자문해보자. 지금 자신이 갖고 있는 고민이 해결될 확률이 높아질 것이다.

끌리는 사람은 질문이 다르다

나는 글을 쓰고 강연을 하기 때문에 여러 분야의 다양한 사람을 만날 기회가 자주 있다. 또한 그들과의 만남을 통해 스스로 많이 깨우치고 성장하고 있음을 느낀다. 다음에 소개하는 사람 또한 이와 같은 만남 중의 한 사람이다.

어느 날 페이스 북으로 친구신청이 들어왔다. 친구신청을 받아들이자 나에게 메시지가 도착했다.

'안녕하세요. 권 민창 작가님. 저는 서울에서 의경으로 복무중인 박성배입니다. 권 민창 작가님의 저서 〈권중사의 독서혁명〉을 읽고 공감되는 내용이 많아서 책 내용을 따라 꾸준히 독서를 하게 되었습니다. 그러다보니 작가님을 만나 뵙고 제가 갖고 있는 궁금함에 대해 질문을 하고 싶다는 마음이 생겼습니다. 혹시 시간이 괜찮으시다면

저에게 귀한 시간 내어주실 수 있겠습니까?'

그리고 사진을 한 장 보내왔는데 〈권중사의 독서혁명〉에 기술한 독서법대로 독서를 하고 있는 사진이었다. 나는 내가 권장하는 독서 법을 그대로 자신의 독서방식에 적용하여 독서를 하고 있는 모습에 고마움을 느꼈다. 그러한 연유로 몇 주 후, 내가 근무하고 있는 지역의 한 카페에서 그를 만나게 됐다.

"작가님, 안녕하세요. 처음 뵙겠습니다."

그는 서글서글한 인상으로 웃으며 인사했고 나 역시 반갑게 그를 맞았다.

"오느라 많이 힘들었죠? 고생했습니다." 그러자 그는 손사래를 치며 말했다.

"아닙니다. 버스로 1시간 반이면 오더라고요. 덕분에 창밖으로 보이는 풍경을 볼 수 있었고, 작가님 책을 한 번 더 읽을 수 있었습니다. 귀한 시간 내어주셔서 다시 한 번 감사드립니다. 그런데 사투리를 조금 쓰시는 것 같은데 혹시 고향이 경상도이신가요? 저도 경상도라서요"

"아, 그래요? 네, 나는 고향이 부산입니다. 성배 씨는 고향이 어디세요?"

대화는 자연스럽게 진행되었다. 평소 대화를 나눌 때, 주로 내가 대화를 주도하는 자리가 많았는데, 그는 상대방이 부담스럽지 않을 정도의 가벼운 질문을 건네며 대화를 하였다. 날씨와 사투리 이야기로 가볍게 물꼬를 튼 대화는, 책과 강연을 통해 이 사회에 이바지하고 싶은 비전은 무엇인지까지 묻고 답하는 단계에까지 이르렀다. 그렇게 두 사람은 즐거운 시간을 보냈고 그는 나에게 소중한 인연을 얻은 것 같아서 기쁘다는 인사를 하며 다음에 또 시간을 내서 다시 만나고 싶다는 작별인사를 했다. 나는 화답으로 다음에는 내가 만나러 갈 테니 그 땐 더욱 즐거운 시간을 갖자고 했다.

서울로 떠나는 그의 뒷모습을 보며, 그는 내가 생각하는 질문의 3요소를 잘 갖췄다는 생각을 했다. 누구라도 그와 대화를 나눠본 사람들은 내가 느끼는 마음을 그에게서 느낄 것이라는 생각이 들었다. 끌리는 사람들은 대화 시 건네는 질문이 다르다. 자연스럽게 대화를 하기 위해서는 적당한 질문이 필요한데 나는 그것을 그와의 대화를 예로 들어, 다음과 같이 요약해 보았다.

첫 번째, 상대방에 대한 배려다.

그가 나에게 보낸 메시지와 나를 만났을 때 한 말들을 돌이켜보도록 하자.

'귀한 시간 내어주실 수 있습니까?'

자신의 시간보다 상대방의 시간이 더 중요하고 소중하다는 메시지가 담겨있는 질문이다. 이러한 질문을 받은 상대방은 자신이 존중받고 있다는 것을 느끼게 된다. 그렇기에 나도 그의 부탁을 허락할 수 있었다.

두 번째, 진심어린 칭찬이다.

'〈권중사의 독서혁명〉을 읽고 공감되는 내용이 많아서 책 내용을 따라 꾸준히 독서를 하게 되었습니다.'

칭찬은 고래도 춤추게 한다는 말이 있듯, 의미 없는 칭찬이 아니라 상대방의 특정 부분을 기억하여 칭찬한다면 그 말을 듣는 사람은 보람과 함께 상대방에게 호감을 가질 수밖에 없다.

세 번째, 상대방에 대한 파악이다.

"사투리를 조금 쓰시는 것 같은데, 혹시 고향이 경상도이신가요? 저도 경상도 사람입니다."

짧은 대화 속에서 내가 어떤 특징을 갖고 있는지 파악했으며 그 특징에서 서로의 공감대를 형성하면 훨씬 더 빨리 가까워질 수 있다.

좋은 인상을 남기기 위해 의식적으로 말을 많이 할 필요는 없다. 누구나 내 이야기에 관심을 갖기를 원하기 때문에 좋은 질문을 던져서 상대방이 자신의 이야기를 하도록 해줘야 한다. 그러한 대화시간을 보낸 상대방은 '즐거운 대화를 했다' '그는 내 이야기에 관심을 갖고 잘 들어줬다'는 느낌을 받으며 상대방에 대해 좋은 감정을 갖게 된다. 상대방의 신뢰를 얻을 만한 좋은 질문은 사실에 근거하여 사용하여야 한다. 그렇기에 상대방에 대한 관심이 필요하다. 상대방의 직장이나 배경, 취미 등을 숙지하고 그에 맞추어 적절한 질문을 한다면, 상대방에게 '아, 이 사람이 나에게 많은 신경을 썼구나'라는 느낌을 줄 수 있다.

청소년을 대상으로 고민 상담을 하다보면, 어떻게 대화를 시작하고 풀어나가야 하는지를 모르는 청소년들이 많다는 것을 느낀다. 그러한 청소년들을 위해서 순조롭게 대화를 시작하는 방법 3가지를 제시한다.

첫 번째는 '스몰토크'다.

그 날의 날씨 또는 만나는 장소의 분위기 등을 파악하여 가벼운 질문으로 대화를 시작하는 것이다.

"날씨가 많이 따뜻해졌죠?"

"이 식당은 분위기가 참 좋네요. 음식도 아주 괜찮을 것 같아요." 등.

나는 예전에 캐릭터를 성장시키는 육성 rpg게임을 한동안 즐긴 경험이 있다. 하지만 나의 레벨이 낮음에도 불구하고 욕심이 앞선 나머지 상위레벨의 퀘스트를 깨려고 시도하다가 제대로 성공하지 못하고 시간만 낭비했던 경험이 있다. 상위레벨의 단계로 올라서기 위해선 우선 쉬운 몬스터를 잡으며 실력을 키우고 점차 캐릭터의 레벨을 올리며 차츰차츰 강해지는 방법밖엔 없다.

대화 역시 마찬가지다. 첫 만남은 누구에게나 긴장된다. 그러나 이러한 어색한 분위기를 풀지 않고 본론으로 들어간다면, 서로 공감하는 포인트를 찾지 못하고 즐거운 대화의 자리가 되지 못할 경우가 많은 것이다. 만남의 초기에는 일상적이고 소소한 대화를 통해 서로의 긴장감을 해소하며 본론을 대화를 하기 위한 분위기를 만든 후, 서로의 신뢰관계가 형성되었을 때, 차츰 본론으로 들어간다면 훨씬 더 자연스러운 분위기를 유지할 수 있다.

두 번째는 '나를 먼저 드러내기'다.

겉도는 대화만 하며 정작 나에 대해 이야기를 하지 않는다면 상대방은 나를 신뢰하지 못할 수도 있다.

"반갑습니다. 저는 컴퓨터에 관한 일을 하는 ooo입니다."

"ooo씨를 통해 좋은 말씀 많이 들었습니다."

상대방에게 자신의 존재를 우선 밝히면 상대방도 나에 대해 신뢰할 수 있을 것이며 그 후에는 자연스럽게 서로의 이야기를 풀어나갈 수 있을 것이다.

세 번째는 '구체성'이다.

무작정 "책 좋아하세요?"라고 묻는다면, "네" 또는 "아니오"라는 단답형의 대답이 건네올 것이고 그렇게 된다면 대화의 맥락이 끊어질 수 있다.

"혹시, 어떤 장르의 책을 좋아하세요?"

"무슨 요리가 좋을까요? 등과 같이 상대의 선택을 묻는 질문들은 대화를 순조롭게 이어나가는 효과적인 대화방법이다.

환경을 변화시키고 싶다면,
질문을 변화시켜라

자신이 몸담고 일하고 있는 직장에서의 문제, 즉 직장상사 또는 동료들과의 불편한 관계, 박봉, 과도한 업무, 비정규직 등의 문제로 인해 스트레스를 받는 사람들이 많은 것 같다. 직장생활을 이러한 불안감을 안고 일을 한다면 일의 능률도 오르지 않을 뿐만 아니라 일에 대한 보람도 찾을 수 없을 것이다. 그래서 지금 근무하고 있는 회사가 도저히 자신의 뜻과 맞지 않는다면, 자신은 물론 회사에도 좋은 결과를 기대하기는 어려울 것이다. 불만을 품은 채로 회사생활을 지속하는 사람은 자신의 신세에 대해 한탄만 할 뿐 그것을 해결하기 위한 별다른 노력은 하지 않게 된다. 이러한 불평불만이 쌓이게 되면 그는 불만을 해소하기 위해 자신과 비슷한 고민을 하고 있는 비슷한 사람들과 어울리며 자기 자신만 이런 어려움에 처한 것이 아니라는 사실을 알게 되고, 같은 처지의 그들에게서 서로 발전성 없는 위로를 주고받는다. 발전이 없는 허송세월을 보내는 이유다. 이들의 가장 큰 문제는 현실의 어려움을 극복하기 위한 어떠한 노력도 하지 않으며 또한 자신의 미래를 위한 아무런 투자 또한 하지 않고 그저 하루하루 마음에 내키지도 않는 일을 마지못해 한다는 것이다.

그런 사람에게서 회사가 원하는 창의성을 기대할 수는 없다. 이렇듯 창의성을 발휘하지 못하고 주어진 일만 하는 이유는, 기존에 자신이 하던 일 외에는 아무런 관심도 흥미도 없기 때문이다. 그들은 호기심도 없고 스스로에게 이런 상황을 어떻게 극복할 지에 대한, 생각도 자문도 하지 않는다. 이들의 수준은 정해진 답만 암기하고 풀었던 학창 시절 그리고 지시만 받았던 신입사원 시절에서 멈춰있다.

"어떻게 하면 회사의 발전을 위한 더 좋은 아이디어를 낼 수 있을까?"

"회사가 나에게 요구하는 자격증이나 스펙은 무엇인가?"

"회사에서 나의 장점을 살릴 수 있는 일은 무엇이 있을까?"

이와 같은 생산적인 질문을 하는 것이 아니라,

"정말 더러워서 회사 때려 칠까?"

"도대체 내가 잘못하는 게 뭐가 있어?"

등과 같은 긍정적인 답이 나오지 않는 질문을 하며 오늘도 무의미한 생활을 한다는 것이다.

자주 어울리는 사람 5명의 평균이 나라는 말이 있다. 비슷한 사람들과 모여서 불평불만을 쏟아내며 원망만 할 뿐, 진취적이고 생산적인 생각이 없으니 발전 자체가 불가능한 것이다. 발전은 새로운 것을 공부하고 습득할 때 발생되는 것이다. 공부를 하다보면 호기심이 생기고, 그 호기심에 대한 답을 찾기 위해 그 일에 관해 잘 아는 사람에게 질문을 하는 등 노력을 하게 된다. 그래서 결과적으로 발전하는 것이다.

A와 B라는 친구가 있다. 두 친구는 비슷한 시기에 직장생활을 시작했지만 8년이 지난 지금은 많은 차이가 벌어져 있다.

A는 업무에 필요한 자격증이나 간부 직원으로 진급하기 위해서는 꼭 필요한 토익 성적 등 어느 것 하나도 제대로 갖추지 못했다. 소득 또한 처음 직장생활을 시작했을 때와 별 차이가 없다. A는 여전히 퇴근하면 비슷한 친구들을 만난다. 그들의 대화는 주로 능력 있는 후배들에 대한 위기감, 자신을 무시하는 직장상사에 대한 한탄 등으로 후회하는 또 하루를 보낸다. A는 모든 문제는 자신에게서 비롯된다는 사실을 절대 인정하지 않는다.

반면, B는 8년 동안 큰 변화가 있었다. 업무에 필요한 자격증과 토익 성적은 물론 석사 학위까지 취득했고 틈틈이 글을 집필하여 작가가 되었고 강연도 한다. 좋은 조건으로 스카우트가 되어 이직을 한 번 했고 꾸준히 연구하고 공부한 결과, 자신의 경험을 다른 사람에게 들려주는 강연실력을 인정받아 직장에서 사내강사를 하고 있다. 그럼에도 그는 퇴근하면 시간을 내어 스피치 학원을 다닌다.

8년의 시간 동안 A와 B가 이토록 차이가 난 이유는 무엇일까?

나는 자기 자신에게 던지는 질문의 차이라고 생각한다.

A는 "사는 것이 왜 이렇게 힘든 거야?"라고 불만을 쏟아내며 퇴근 후에는 주변의 비슷한 처지의 동료나 친구들과 어울려 시간을 보내는 것이 하루 일과가 됐다.

하지만 B는 "나에게 주어진 시간을 어떻게 활용하면 좋을까?"라고 스스로 자문하며 자신의 능력을 더욱 발전시킬 수 있는 모임이나 강연을 찾아다닌다.

공부는 하면 할수록 궁금한 것이 생기는 특성이 있다. 책을 읽거나 강연을 듣거나 글을 쓸 때 그리고 배울 점이 많은 누군가와 대화를 나눌 때 궁금한 것이 많아지고 그것을 배우기 위해 노력하게 된다. 반면, 공부하지 않으면 궁금한 것도 질문도 생기지 않는다.

성공한 사람들의 공통점은 나이에 관계없이 배움에 대한 강한 욕구가 있다는 것이다. 그들은 새로운 분야의 지식을 대하면 다음과 같은 질문을 던진다.

"아, 그런 분야도 있군요. 대단합니다. 혹시 어떤 생각으로 이 일을 시작하게 됐는지 알 수 있을까요?"

"아, 이 파트는 제가 인지하지 못했었군요. 이 파트에서 저한테 적용할 수 있는 부분이 있을까요?"

이와 같이 배움에 대한 열망이 질문으로 표출되는 것이다.

내가 이 책을 발간하게 된 동기 역시 "인생을 변화시키는 질문에는 어떤 것이 있을까?"라는 물음을 스스로에게 던졌기 때문이다. 도대체 어떤 질문이 효과적인 질문인지, 성공한 사람들은 스스로에게 어떤 질문을 하며 살아가는지 알고 싶었다.

'불치하문(不恥下問) - 자신보다 못한 사람에게 묻는 것을 부끄럽게 여기지 않는다.'

배움은 끝이 없는 것이다. 나이가 많다고, 직급이 좀 더 높다고 해서 궁금한 것이 있음에도 물음을 꺼려한다면 발전은 없을 것이다. 모르는 것은 질문을 해야 깨우칠 수 있으며, 좋은 만남과 기회를 잡을 수 있다.

나는 묻고 싶다.

"아무 질문도 하지 않는다는 것은 세상의 모든 이치를 모두 터득하고 있다는 말인가?"

질문이 없다는 것은 사막에서 뜨거운 모래밭을 힘겹게 걷고 있는 것과 같다. 오아시스를 찾지 못하면 버티기 힘들어질 수도 있다. 질문이 곧 오아시스인 것이다.

"현재 자신의 상황에서 만족을 느끼지 못하는가, 그래서 환경을 변화시키고 싶은가?"

그렇다면 스스로 자신의 환경을 변화할 수 있는 자문을 해보자. 그래서 그 질문들을 통해 자신의 환경을 좀 더 긍정적으로 바꿔보자.

"내 삶은 왜 이렇게 잘 풀리지 않을까?"라는 질문을, "내 삶을 변화시키기 위해 나는 어떤 행동을 해야 할까?"로 바꿔보자.

"아, 나는 매번 실수만 하는데 어떡하지?"라는 질문을, "다음번엔 실수를 하지 않기 위해 나는 어떤 노력을 해야 할까?"로 바꿔보자.

좋은 질문은 우리의 삶을 풍요롭게 만든다.

좋은 질문이란?

　　2018년 10월 초, 서울 신촌에 위치한 한 스피치 학원에서 '소통'을 주제로 특강이 있다는 소식을 들었다. 나는 강연에 참석하기 위해 이른 아침부터 서둘러서 서울에 갔다. 강연 시간은 3시간이었다. 그러나 특강을 수강하기 위해 아침 일찍 일어나서 서둘러 왔기 때문인지 도착하여 자리에 앉자 피곤이 몰려왔다. 마음속으로 강연 시간에 정신이 집중이 되지 않을까하여 걱정이 되었다. 잠시 후 강연이 시작되었고 시간의 지루함을 느낄 새도 없이 어느덧 3시간의 강연시간이 빠르다는 생각이 들 정도로 지나갔다. 소통 특강답게 강연 중간 중간 옆 사람과 대화하며 강연의 내용을 즉시 실습할 수 있는 기획이었기 때문에 피곤함을 잊을 수 있었다. 강연이 끝나고 Q&A 시간에는 참석자들과의 질의응답 시간을 가졌다. 한 사람, 한 사람 질문을 하기 시작했다. 질문을 받은 강사님은 질문을 하는 사람을 바라보며 말했다.

"좋은 질문, 감사드립니다. 용기내서 질문해준 분에게 박수 부탁드립니다."

떨리는 마음으로 질문한 사람들은 좋은 질문이라는 칭찬에 기분 좋은 표정을 지었다.

'좋은 질문'이란 어떤 질문을 말하는 것일까?

아마도 '좋은 질문법'을 누군가에게 개인적으로 배운 경험이 있는 사람은 흔치 않을 것이다. 그 점에 의문이 생긴 나는, 주변 사람들에게 "질문법에 대해 배운 경험이 있나요?"라고 물어보았지만 '질문법을 어떻게 배워?'라는 표정으로 나를 바라보았다.

학창 시절을 떠올려보자. 수업시간에 선생님께서 "질문 있는 사람 손들어 봐요."라고 말씀하실 때 자신 있게 손을 들어 질문하는 학생에게 선생님은 "적극적인 자세가 참 좋다"라고 칭찬하지 않았던가. 그만큼 선생님들은 질문하는 것을 좋은 습관이라고 칭찬했지만 그런데 왜, 우리는 질문하는 법을 배운 적이 없는 것일까?

한국의 교과과정 중에 질문을 하는 방법에 대한 학습과정은 없다. 그러기에 우리들은 질문을 가능한 하지 않는다. 또한 질문이 중요하다고 의식하는 사람도 거의 없다. 그래서 우리는 궁금한 일에 대하여 자기만의 방식으로 질문을 한다. 때문에 질문을 하는 방법은 각양각색 다르다. 나는 질문에 대해 스스로 고민해보고 공부해볼 것을 권한다. 그것이 이 책의 발간 목적이기도 하다.

좋은 질문은 크게 2가지의 효과가 있는데, 첫 번째는 커뮤니케이션 능력을 향상시키고 두 번째는 훨씬 더 값진 삶을 살 수 있게 해준다는 것이다. 즉, 좋은 질문을 하기 위해서는 상대방을 잘 관찰해야하며, 그 사람이 자주 쓰는 단어나 대화의 맥락을 잘 파악해야 한다. 그리고 좋은 질문을 하기 위해서는 끊임없이 생각해야 하고 자아성찰을 해야 한다. 나는 책읽기로 인해 인생이 바뀌기 시작하였고 또한 책을 읽으면서 스스로 터득한 질문하는 독서 습관이 생겼다.

'지금 주인공의 행동이 이러했다면 다른 결과가 나오지 않았을까?'

'그의 그 행위로 인해 얼마나 많은 사람들이 죽었는가, 나라면 어떻게 행동했을까?' 등.

작가와는 다른 시각에서 자문해 보았다. 이러한 독서습관의 결과, 우리는 질문에 지배당하고 있다는 사실을 깨달았다.

우리는 의식적이나 무의식적으로 행동을 취하기 전에 자기 자신에게 먼저 질문한다.

예를 들면, 중요한 소개팅을 앞둔 사람은 전날,

"내일 소개팅 자리의 식당은 어디로 정하고, 어떤 음식이 좋을까?"

"어떤 옷을 입어야 조금 더 돋보일 수 있을까?" 등

마음속으로 먼저 자신에게 여러 가지 질문을 하면서 소개팅 장소를 결정하거나 입을 옷을 결정한다.

"내일 소개팅을 성공하려면 어떤 준비를 해야 할까?"라는 질문을 스스로에게 던지기 때문에 소개팅 전에 미리 준비하는 행동을 하는 것이다. 사소해보일 수 있지만 이런 질문을 하고 그에 대한 답을 구하지 않는다면 소개팅의 성공확률은 지극히 떨어질 것이다. 결국 인간이 어떤 행동을 하는가는, 자기 자신에게 하는 질문 내용에 따라 결정된다고 해도 과언이 아니다. 그래서 질문을 바꾸면 행동도 바꿀 수 있는 것이다.

내가 생각하는 좋은 질문의 장점은 '깨달음'이다. 질문 받은 사람이 자연스럽게 자신의 생각을 답하고 그래서 질문한 사람에게 새로운 깨달음을 주는 것이다. 그렇다고 하여 질문을 하는 사람은 모르는 사람, 질문에 답하는 사람은 아는 사람으로 구분하는 것이 절대 아니다. 질문하면서 그리고 답하면서 서로가 깨달음을 얻는 것이다. 질문은 새로운 사고와 행동을 이끌어낸다.

나 역시 몇 년 전에 어떤 질문으로 인하여 큰 영향을 받았다. 나에게 질문을 한 사람은 함께 독서모임을 하던 친구 용인이었다. 당시 나는 언젠가는 나도 글을 써서 책을 발간해야겠다는 다짐을 하던 시기였다. 어느 날, 용인이가 나에게 말했다.

"민창아, 넌 독서모임을 통해 뭘 배우고 싶어?"

친구가 어떤 의도로 그런 질문을 했는지는 모르지만 나는 솔직하게 말했다.

"나는 독서모임에서 배운 글 솜씨로 나도 내 이름 석 자가 인쇄된 책을 갖고 싶어."

내 말에 용인이는 고개를 끄덕이며 말했다.

"그래? 그럼, 책을 발간하고 난 다음에는 뭘 하고 싶어?"

하지만 나는 구체적인 계획이 없는 터라 당황했다.

"용인아, 미처 그것까지는 생각해보지 않았는데?"

용인이는 다시 내게 되물었다.

"그렇구나, 언제쯤 내 친구 권민창의 이름이 새겨진 책을 볼 수 있을까?"

이 질문에 대해서도 만족할만한 답변을 하지 못했다.

"음. 대강 5년 뒤에는 그만한 역량을 갖추지 않을까?"

그러자 용인이는 나를 바라보며 말했다.

"음, 그렇구나. 내가 생각했던 것보단 늦네. 난 너의 열정을 봤을 때 좀 더 빨리 너의 책을 가질 수 있을 거라고 생각했거든. 알았어."

친구 용인이와 주고받은 대화는 짧았지만 난 충격을 받았다. 부끄럽지만 용인이의 질문을 받고 나서야 비로소 내 꿈의 구체적인 계획조차 갖고 있지 않다는 사실을 깨달았던 것이다.

책을 언제까지 쓸 것인지, 그리고 책을 쓰고 나서는 어떤 활동을 할 것인지, 출판은 어떻게 해야 하는지 등과 같은 구체적인 상황에 대해 지금까지 아무 것도 생각하지 않았다는 것을 깨달았고 그때부터 나에게 정말 필요한 질문들을 하기 시작했다.

"출판사는 어떻게 섭외할 것인가?"

"어떤 장르의 책을 집필할 것인가?"

"30대가 가기 전에 책을 발간하기 위해 어떤 노력을 할 것인가?"

책 발간에 필요한 구체적인 질문들을 스스로 자문하기 시작했다. 나 자신 스스로에게 질문을 던지자 깨달음을 얻을 수 있었고 깨달음을 얻자 행동하기 시작했다. 그 후, 길지 않은 시간에 나는 내 이름 석 자가 인쇄된 책을 발간한 작가가 될 수 있었다.

좋은 질문은 타인에게 깨달음을 주기도 하지만, 좋은 질문이 자기 자신을 향하면 그 누구도 아닌 바로 자기 인생의 가능성을 크게 확장시킬 수 있다.

인구 0.3%의 유대인이
40%의 노벨상을 차지하는 이유

나는 유대인과 한국인에 대해 어느 날 갑자기 비교분석을 해보고 싶다는 생각이 들어, 자료를 비교분석하며 공부한 적이 있다. 그 결과, 한국인과 유대인은 비슷한 점이 많으면서도 또한 매우 다르다는 것을 알게 됐다.

유대인은 약 1500만 명의 인구로 전 세계 인구의 0.3%에 불과하다. 그리고 한국의 인구는 남,북한 합쳐 약 8000만 명으로 1.2%를 차지한다. 이스라엘의 국토 넓이는 우리나라 한반도 전체의 11분의 1, 남한의 5분의 1정도다. 한국인은 평균 지능지수가 106으로 세계 최고 수준이지만 이스라엘 사람은 평균 지능지수 94로 세계 45위이다.

PISA는 OECD가 실시하는 각국 학생들의 교육수준 평가를 위한

국제평가제도다. 학업성취도 국제비교연구와 각국 교육정책 수립의 기초자료를 제공하기 위해 만 15세의 학생을 대상으로 읽기(이해력), 수학, 과학 능력을 평가하는 프로그램으로써 3년마다 실시된다.

국제학업성취도평가(PISA)에서 한국은 1~4위로 상위권이지만, 이스라엘은 OECD 국가 중 30위 정도다. 또한 한국은 수학, 과학 등의 세계올림피아드에서도 상위권의 성적을 거두고 있지만 이스라엘이 상위권에 입상했다는 소식은 들리지 않는다. 한국의 학생들은 유대인 학생들보다 훨씬 많은 시간을 공부한다. 유대인의 교육열은 높다. 하지만 자녀의 교육을 위해서라면 기러기 아빠를 자처하는 한국 부모들의 교육열은 그들을 능가한다는 생각이 든다.

이처럼 한국인은 지능도 세계 최고, 공부하는 시간도 세계 최고, 교육열 또한 가히 세계 최고라고 할 수 있다. 그렇다면 한국인이 국제적으로 훌륭한 인물이 많이 배출되어야 하고 노벨상도 많이 수상해야 하는 것 아닌가?

한국은 노벨상 수상자가 평화상 1명뿐이지만, 유대인은 지금까지 스스로 유대인임을 밝힌 노벨상 수상자만 약 200여 명이다. 미국 아이비리그는 미국에서 일류대학의 상징이다. 한국계 학생이 이들 대학에 입학하는 비율이 전체 약 1%정도라고 한다. 하지만, 유대인들은 약 30%를 차지하고 있다.

한국의 학생들은 학교 공부를 마친 후에도 학원에서 밤늦게까지 공부를 한다. 이처럼 세계 최고의 사교육비를 소비하고 밤늦게까지 공부를 하는 것이 효율적인 교육방법이라면 인구 비례로만 따져보아도 유대인보다 한국인이 노벨상도 많이 수상하고 아이비리그 대학에 많이 입학해야하고 국제적으로도 더 존경받고 성공하는 사람이 많아야 하지 않은가?

그런데 왜, 우리는 최고의 지능과 최고의 노력 그리고 최고의 교육열을 가지고서도 국제 사회에서 유대인을 따라잡지 못하는가?

나는 단 한 가지가 부족하기 때문이라고 생각한다. 그것은 교육방법이다.

유대인의 교육방식은 하브루타다. 유대인 중심의 학교를 예시바라고 하는데 그들의 수업방식을 보면, 학생들이 서로 짝을 지어 매우 시끄럽게 논쟁하면서 공부를 한다. 수업의 성격에 따라 여러 명이 수업에 대한 각자의 의견을 갖고 토론을 하는 것이다. 다시 말해 학생들이 짝을 지어 얼굴과 얼굴을 맞대고 앉아서 서로 가르치고 배우는 논쟁 수업, 즉 친구를 통해 배우는 것이다.

유대인들은 아주 오랜 시간을 파트너와 함께 탈무드를 연구해 왔다. 그들은 마주 앉아서 큰소리로 책을 읽고 그것에 대하여 토론하고 분석한다. 서로의 파트너가 되어 관련된 정보를 찾아보고 배움을 통해 실질적으로 자신들의 삶과 관련지어 깊이 의논하고 논쟁한다. 자신의 의견이 상대방에게 동의가 되지 않을 때는 그 이유를 차근차근 제시하고 설명한다. 하브루타를 통한 공부는 서로간의 관점의 차이를 드러나게 하며 그 차이점을 질문과 토론을 통해 좁히는 것이다.

우리의 일상 속에서도 하브루타의 기능을 활용할 수 있는 기회가 수없이 존재한다. 사람은 자신의 관점과 다른 관점을 지니고 있는 사람들과 어우러져 살아야 하기 때문이다. 자신의 관점과 다른 견해들은 매일 접하게 되는 신문에도 있고, 친구들과의 대화 속에도 있고, 세대가 다른 부모와 학생 간의 갈등하는 문제에도 있다. 하브루타 교육 개념은 현상을 보는 수많은 관점이 존재한다는 것에 기초한다.

하브루타 교육방식에 대해 연구자가 내린 정의는 "짝을 지어 서로 질문하고 대화하며 토론하고 논쟁하는 방식의 교육"이다.

마주앉아 이야기를 진지하게 주고받으면 질문과 대답이 되고 대화가 된다. 거기서 더 전문화되면 토론이 되고, 더욱 깊어지고 전문화가 되면 논쟁이 되는 것이다. 하부루타 교육방식은 학교의 수업만으로 한정되지 않는다. 가정에서 식사를 하며 아버지와 자녀가 질문하고 답변하는 것도 하브루타이고, 학교에서 교사가 학생들에게 질문하면서 수업하는 것도 하브루타이며, 학생들끼리 짝을 지어 서로에게 질문하고 답하는 것도 하브루타이다.

하브루타 교육방식은 어떻게 유대인들로 하여금 세계의 각계각층에서 두각을 나타내게 만드는가?

그 이유는 크게 3가지로 볼 수 있다.

첫째, 뇌를 격동시켜 다양한 사고력을 기른다.

그 이유는 질문과 토론 그리고 논쟁은 뇌를 움직이게 하고 생각하게 한다는 것이다.

변호사와 검사의 법정 논쟁을 떠올려 보자. 그들의 논쟁은 격렬한 머리싸움이다. 법정 논쟁에서 이기기 위해서는 철저하게 준비를 해야 하고, 상대방의 말을 정확하게 듣고 그 논리를 파악해야 하며 자신의 주장이 왜 옳은지에 대해 치밀한 논리로 설득해야 한다. 상대방이 예기치 못한 질문을 하거나 증거를 댈 때, 이에 대해 논리적으로 답변하지 못하거나 대응하지 못하면 판결에서 패배하게 된다.

토론과 논쟁은 뇌를 계발하는 가장 효율적인 방법이며 고차원적인 사고력을 기르는 최상의 방법이다.

둘째, 다각적인 생각과 창의적인 사고를 하게 한다.

하브루타 교육방식의 가장 큰 장점은 다양한 견해, 다양한 관점, 다양한 시각을 갖게 한다는 것이다. 창의성이란 다르게, 새롭게 생각하는 능력이다. 현재 세상이 요구하는 인공지능, 로봇기술, 생명과학이 주도하는 차세대 산업혁명, 즉 4차 산업혁명의 화두가 바로 창의성이다.

나는 창의성을 가장 잘 계발할 수 있는 교육방식이 하브루타 교육이라고 생각한다. 하브루타 교육은 본질적으로 다른 사람과 다른 생각 즉 새로운 생각을 요구한다. 탈무드 자체가 랍비와 현자들의 토론과 논쟁을 기록한 학술서이다. 유대인들은 랍비들의 고결한 견해에 대해서도 맹목적 인정이 아니라 의문을 갖고 질문하며 다른 견해를 갖게 하는 것이다. 토론과 논쟁은 어떤 객관적인 사실에 대해서도 의문점을 제시하고 질문을 하게 만든다. 당연하게 생각하는 것까지도

뒤집어 생각하게 한다. 상대방의 의견과는 다른 나만의 견해를 가져야 토론이 가능하다. 그래서 하브루타는 나만의 생각, 새로운 생각, 남과 다른 생각을 하게 만든다.

셋째, 질문을 통해 생각하게 만든다.

하브루타 교육은 질문으로 시작해서 질문으로 끝난다. 질문이 있어야 토론이 제대로 이루어질 수 있는 것이다. 배움 역시 질문으로 시작된다. 배우려면 항상 의문을 가지고 질문해야 한다. 의문을 갖는다는 것은 지혜의 출발이다. 배우면 배울수록, 그래서 알면 알수록 의문이 생기고 질문이 늘어난다. 그래서 질문은 인간을 성장시킨다.

유대인 부모들은 자식들에게 어릴 적부터 끊임없이 '왜?'라는 질문을 던지게 한다. 이러한 의구심이 호기심을 자극하여 창의적인 사고의 틀이 형성되는 것이다. 유대인들의 끊임없이 이어지는 '왜?'라는 질문은 노벨상 수상자의 40%를 배출하는 원동력이 되었다. 또한 자신들의 20배 규모인 아랍 권 나라들에 둘러싸여서도 당당히 맞설 수 있는 힘이 되었다.

차에 시동을 걸기 위해서는 연료가 필요하듯이 인간관계 역시 '대화소재'라는 매개체가 있어야 대화가 가능하고, 대화를 통해 발전할 수 있다.

우리 삶의 지혜의 원천은 질문이다. 질문은 막힌 커뮤니케이션 통로를 뻥 뚫어준다. 질문을 받으면 사람들은 생각하고 머리를 사용하기 시작한다. 질문을 주고받으면서 동기가 유발되고 서로의 생각이 소통되는 것이다.

인생을 변화시키는 3G의 법칙

이 책에서 언급하는 3G란 다음과 같다.

GOOD QUESTION - 좋은 질문

GOOD LISTENING - 바른 듣기. 즉 경청

GOOD REACTION - 상대 의견에 대한 반응

이와 같은 3G가 갖추어졌을 때 소통이 원활해지고, 상대방은 호감을 갖게 되며, 추구하는 목표의 성공확률이 높아진다.

첫 번째 'GOOD QUESTION'은 좋은 질문이다.

상대방과의 친밀도에 따라 때로는 상황에 따른 적절하고 가벼운 질문이 좋은 질문이 될 수도 있고, 본질을 꿰뚫는 날카로운 질문이 좋은 질문이 될 수도 있다.

예를 들어, 처음 만나는 소개팅 자리에서 "지금 사는 집이 자가인가요, 아니면 전세인가요?" 라든가 "지금까지 이성 친구를 몇 명 정도 만났어요?" 같은 질문은 나쁜 질문이 될 확률이 높다. 친밀도를 1~10으로 본다면 상대방과의 교감이 전혀 되지 않은 1의 상황에서 10의 질문을 하는 것이기 때문이다. 하지만 10의 친밀도에서 1의 질문 역시 좋은 결과를 얻기는 어렵다. 가령, 결혼 적령기에 접어든 남녀가 결혼을 전제로 한 만남을 이어가고 있다면 서로의 건강 상태나 습관 또는 금전적 상황, 성격적인 성향도 고려해야 한다. 이런 경우는 좀 더 직설적이고 미래 지향적인 질문을 하는 것이 좋은 질문이라고 할 수 있다.

두 번째 'GOOD LISTENING'는 경청이다.

경청은 상대방의 말을 주의 깊게 듣는 것이다. 일대 다수가 아닌 상대방과 나, 단 둘이 대화를 나누는 상황에서 나는 6:4의 비율을 이상적인 대화비율이라고 생각한다. 6은 상대방이고 4는 나 자신이다. 6은 상대방의 말에 귀를 기울여 듣고 4는 상대방의 말을 경청한 후 내 의견을 말하는 것이다.

나에게는 학창시절에는 무척 친한 사이였지만 지금은 소원해진 친구가 있다. 그토록 친했던 그 친구와 나는 왜 관계를 오래 유지하지 못하고 소원하게 되었을까하며 곰곰이 생각을 해보니, 서로의 대화가 공정하지 못한 것이 이유라는 생각이 든다. 그 친구는 항상 자신의 기준에 맞추어 생각을 하고 한 번 말을 하면 이야기가 끝날 기미가 보이지 않았다. 심지어 일대일의 상황에서 내 이야기가 끝나면 나의 이야기에 공감하기보다는 기다렸다는 듯 다시 자신의 이야기를 했다. 그런 사이로 지내다보니 어느 순간 서로 불편해졌고 거리를 두게 되었다.

반면, '인무도'라는 모임에서 만난 현욱 형이 있다. 형의 주변에는 항상 사람이 많았다. 나는 그와 함께 있을 때 편하다는 느낌을 받았었는데, 그의 주위에 항상 사람들이 끊이지 않는 것은 나와 같은 마음을 다른 사람들도 느꼈기 때문이라고 생각한다. 현욱 형은 상황에 맞는 질문을 상대방의 말을 잘 들은 후 해주었고, 나는 나의 이야기를 잘 이해해주는 사람과 대화를 이어가니 매번 형을 만나고 나면 좋은 에너지를 받는 느낌이었다.

다른 사람의 이야기에 주위를 기울여 듣지 않는다면 상대방의 말을 잘 이해하지 못하게 된다. 그리하여 주관적인 생각으로 독단적인 해석과 결정을 하게 되므로 상대방의 의견에 올바른 판단을 할 수 없게 된다. 다른 사람의 의견은 잘 듣지 않고 자신만의 이야기를 한다면 그 누가 좋아하겠는가.

사람은 누구나 자신의 이야기에 상대방이 공감해 주기를 원하며 자신이 대화의 주도권을 잡고 말하는 것을 좋아한다. 이러한 사람의 본성 때문에 다른 사람의 이야기를 잘 듣는 경청이 어렵다는 것이다. 최대한 자신을 내세우지 않고 상대방의 말에 집중해야하고 적절한 질문도 던져야하기 때문이다. 이러한 경청의 자세를 습관화하고 자신의 대화의 룰에 적용한다면 인간관계에서도 탁월한 발전이 있을 것이다.

세 번째 'GOOD REACTION' 즉 좋은 반응이다.

미국 캘리포니아 대학교의 심리학과 교수인 앨버트 메라비언은 사람들이 상대에 대한 호감을 결정할 때 시각적 요소, 청각적 요소, 말의 내용으로 판단을 한다고 한다. 이 중에 시각적 요소, 즉 상대방의 표정이나 자세가 상대방의 인상을 각인시키는데 무려 55%를 차지한다고 한다. 이 법칙을 '메라비언의 법칙'이라고 한다. 사람은 본능적으로 대화를 할 때 말의 내용보다 상대방의 표정과 태도 등에 더 많은 영향을 받는다는 것이다. 예를 들면, 상대방이 어떤 가수를 좋아한다고 하는 소리를 듣고 무표정으로 "아, 저도 그 가수 좋아해요."라고 하는 것보다 눈을 크게 뜨고 손뼉을 치며 "아! 저도 그 가수 좋아해요!"라고 하는 것이 훨씬 더 상대방에게 호감을 갖게 할 확률이 높다는 것이다.

얼마 전에 SBS에서 방영했던 〈로맨스 패키지〉라는 프로그램을 시청하게 되었다. 2030 세대의 트렌드로 떠오른 바캉스와 연애를 접목시킨 신개념 연애 리얼리티 프로그램이었는데 남녀 각 5명이 출연하여 서로 마음에 드는 사람과 데이트를 한 후, 느끼는 감정에 대해서 호감표시를 하며 서로의 파트너를 찾는 과정을 생생하게 담는 내용이었다. 나 또한 매우 흥미롭게 시청했다. 출연자들은 첫 회에서는 상대방에 대하여 아무런 정보가 없기 때문에 안면을 익히는 차원에서 자기소개와 짧은 대화를 했다. 서로의 첫인상을 결정짓는 것은 아무런 정보가 없는 상태에서는 단연 외모였다.

내가 생각해도 누구나 호감을 보일만한 아름다운 외모의 여성이 등장했다. 예상대로 첫 호감도 투표에서 3명의 남성이 그 여성에게 호감을 표했다. 내가 보아도 그 여성의 외모는 여성 출연자 중 가장 돋보였다. 하지만 회가 거듭될수록 그 여성보다는 다른 여성이 남성들의 호감을 많이 받았다. 그 이유를 살펴보니, 처음 남성들의 관심을 한 몸에 받은 여성은 상대방과의 대화에 잘 반응하지 않고 때때로 무표정으로 일관했다. 프로그램의 횟수가 거듭될수록 남성들의 표를 많이 받은 여성은 대화를 할 때, 공감되는 부분이 있으면 손뼉을 치며 "맞아요! 저도 그거 진짜 좋아하는데!"라는 등 상대의 의견에 적극적으로 공감하는 반응을 보였다. 남성들은 대화가 잘 통하고 자신의 이야기에 적극적인 반응으로 공감해주는 여성에게 호감을 보였고 마지막 속마음을 결정하는 순서에서 그 여성은 두 명의 남성에게 선택을 받을 수 있었다.

예능 프로그램을 시청하다보면 자주 등장하는 단어가 '리액션' 즉 공감반응이다. 리액션을 잘하느냐 그렇지 않느냐에 따라 개인은 물론 프로그램의 성패가 결정되고는 한다. 국민 MC로 불리는 개그맨 유재석은 때때로 출연자들의 서툰 개그에도 큰 동작의 리액션으로 또 다른 웃음으로 잘 살려내기 때문에 많은 사람들의 사랑을 받고 있다. 반면 오랫동안 프로그램을 이끌지 못하고 도중하차하는 진행 MC들을 살펴보면, 때때로 출연자들의 어색한 실수를 제대로 맞장구를 쳐주지 못해서 한 순간 썰렁해지는 경우를 볼 수 있다. 이렇게 되면 시청자들에게 '재미없다'라는 인식을 심어 주게 된다. 예능뿐만 아니라 인간관계에서도 상대방의 이야기를 잘 들어주고 조금 격한 공감반응에서 상대방은 어색한 순간을 넘기고 자기도 모르는 사이에 호감을 느낄 것이다.

지금까지 3G의 법칙에 대해 간략하게 설명하였다. 아무리 아름다운 구슬도 꿰어야 보배라는 속담처럼 실생활에서 실천해야 효과를 볼 수 있다. 만약 인간관계에 어려움을 겪고 있다면 지금까지 설명한 3G를 연습해보자. 처음에는 어렵겠지만 어느 정도 습관이 되면 상대방과의 대화가 훨씬 더 편해질 수 있고 상대방 역시 당신을 훨씬 더 매력적이라고 느낄 것이다.

질문하는 사람의 심리를 파악하라

스피치학원을 운영하는 선배에게 전해들은 이야기지만 질문과 답변을 할 때, 상황파악의 중요성에 대해 느낀바가 있어 정리해 보면 다음과 같다.

선배의 학원에서 스피치를 배우는 학생이 대기업에 취업하기 위하여 필기시험과 서류심사를 통과하고 면접심사를 치를 때의 일이다. 일반적으로 신입사원을 채용하기 위해 실시하는 면접심사에서 지원자들에게 심사관들이 반드시 묻는 질문이 있다.

"끝으로 하고 싶은 말이 있다면?"

학생은 예상했던 이 질문에 대비하여 자신이 이 회사에 지원한 이유와 왜 입사하고 싶은지를 정성껏 준비했다. 그리고 면접 날이 다가왔다. 그런데 그 학생의 면접 차례는 거의 면접심사가 마무리 되는 시간대였고, 학생이 면접장으로 들어섰을 때에는 면접관들의 모습에서 피곤한 기색이 역력함을 느낄 수 있었다고 한다. 면접관들은 지친 목소리로 형식적인 질문을 했고, 학생이 열심히 답변을 해도 긍정적인 표정을 짓거나 눈을 잘 마주치지 않았다. 그리고 면접심사 시 반드시 묻는다는 그 질문 "마지막으로 하고 싶은 말이 있다면?"

이 질문에 대한 답변을 멋지게 준비했던 학생은 순간적으로 고민했다. 이 질문에 대비하여 연습을 하며 준비했지만 지금 이 상황에서 어떻게 답변하는 것이 옳은 걸까?

잠시 고민하던 그 학생은 면접관들에게 다음과 같이 말했다.

"사실, 제가 이 질문의 답변을 위해 심혈을 기울여 준비했습니다. 그것은 그만큼 간절하게 입사하고 싶기 때문입니다. 하지만 지금, 면접관님들은 하루 종일 면접을 보느라 많이 피곤해보이고 지쳐 보이십니다. 그렇기에 이 말을 답변에 대신하고자 합니다. 지난 한 주 동안 너무 고생 많으셨습니다. 귀한 시간 내주셔서 감사합니다."

학생의 말을 들은 면접관들은 숙였던 고개를 들고 미소를 띤 표정으로 학생을 바라보았다. 며칠 뒤 그 학생은 많은 지원자들이 입사를 원하던 회사로부터 합격이라는 소식을 받게 된다.

학생이 합격한 이유는 무엇일까?

물론 시험점수가 높았기 때문이었겠지만 면접 과정에서 그 학생은 면접관들의 분위기를 읽었고, 지금 상황에서 어떤 행동이 자신이 취할 수 있는 최선일지를 스스로에게 물었기 때문이 아닐까?

"끝으로 하고 싶은 말이 있다면?" 이 질문에 대한 대부분의 지원자들의 대답은 비슷할 수밖에 없을 것이다. 하물며 자신의 대답을 들어야 할 면접관들이 저렇게 지쳐있는데 자신의 말이 가슴에 새겨질까 하며 스스로에게 자문했을 것이다. 그 결과, 새로운 답변을 도출할 수 있었던 것이다.

나는 사람들과 다양한 주제로 대화를 나누는 것을 즐거워한다. 특히 상대방의 경험에서 우러나오는 이야기를 듣는 것을 좋아한다. 그들의 이야기를 듣다보면 이 사람이 어떤 성향의 사람이고 어떤 삶을 살아왔는지가 느껴지기 때문이다.

몇 년 전 친구의 소개로 어떤 여성을 만난 경험이 있다. 그녀는 나와는 동갑이었다. 그녀와 대화를 나누다 보니, 서로 잘 통하는 면이 있어서 좋은 인연이 될 것 같다는 판단으로 그녀와 두 번째 만난 자리에서 "우리 사귀자"고 고백을 했는데 그녀는 "미안하다"고 말하며 자기는 아직 나에 대해서 잘 모르기 때문에 대답을 하기가 어렵다는 것이었다. 나는 그녀의 매몰찬 대답에 당황스럽고 무안해져서 어찌할 바를 몰랐다. 그 후로 그녀와의 자리가 어색해져서 자연히 연락을 하지 않게 되었는데 돌이켜보니, 내가 참 바보 같았다는 생각이 든다. 남녀가 교제한다는 것은 결코 가벼운 의미가 아님을 이제야 깨닫는다. 아마 나의 실수는 속도의 미숙함이었던 것 같다.

사람마다 느끼는 감정의 속도가 다르다. 어떤 사람은 양은냄비처럼 금방 달아오르고, 어떤 사람은 천천히 감정이 올라온다. 그렇기에 자신의 감정만 중요한 것이 아니라 상대방의 감정도 파악해야 하는 것을 나는 몰랐던 것이다. 그 후론 누군가를 만날 땐 그 사람의 성향을 파악하기 전까지는 조심스럽게 다가가려고 노력한다. 그리고 어느 정도 그 사람에 대한 파악이 끝나면 그에 맞춰 가벼운 질문으로 대화를 풀어간다. 질문을 하고 답변을 하며 서로의 표정을 살피다보면 상대방의 분위기와 마음 상태를 어느 정도 파악할 수 있다.

위의 면접을 보는 학생의 경우와 같이 면접이 끝나갈 시간에 면접관들의 관심사는 수험생들의 간절한 마음과는 달리, 이 사람이 정말 우리 회사에 필요한 인재인가? 라는 것보다 빨리 퇴근하여 집에서 쉬고 싶다는 마음이었을 것이다. 면접관의 피곤한 심리상태를 잘 파고들었기에 학생은 합격이라는 결과를 얻을 수 있었다. 마찬가지로 대화의 자리에서 부드러운 표정으로 응시하며 좋은 질문으로 서로에 대해 알아가다 보면 어느 순간, 상대의 뜻을 받아들일 수 있는 편한 공간이 확보되는 순간이 있을 것이다.

어떤 만남이건 첫 만남이 중요하다. 첫 만남에서 좋은 인상을 준다면 순조롭게 일이 잘 풀릴 것이다. 첫 만남에서 좋은 인상을 주기 위해 가장 중요한 것은 좋은 질문이다. 대화를 이끌어나가기 위해 좋은 질문은 상대방의 관심사로부터 시작하는 것이 좋다. 상대방이 강아지를 키운다면, 어떤 종이고 몇 살인지 질문을 하며 대화를 시작하면 좋은 효과를 볼 수 있는 확률이 높다. 그것이 상대방의 관심사이기 때문이다. 또 요리를 좋아한다면 어떤 요리를 즐겨하는지 질문하며 대화를 시작하는 것이 좋다. 중요한 건 상대방을 파악하는 것이고, 상대방을 파악하기 위해선 스스로 생각한 후 질문을 던져야한다. 적절한 상황파악을 한 후의 질문은 좋은 관계를 만든다.

강력한 행동을 이끌어내는 질문

미국 식품안전 공익과학센터(CSPI). CSPI의 직원인 아트 실버맨은 어느 날 실험실에서 충격적인 결과를 접한다. 그것은 사람에게 적당한 포화지방의 하루 섭취량은 20그램 이하인데 영화관에서 먹는 팝콘 한 봉지에 평균 37그램의 포화지방이 함유되어 있다는 사실이었다. 팝콘을 튀기는 데 사용되는 코코넛 오일은 팝콘을 보기 좋고 먹음직스러운 모양으로 튀겨낼 뿐만 아니라 향긋한 냄새를 풍기기도 한다. 하지만 코코넛 오일은 포화지방으로 똘똘 뭉친 무서운 식재료라는 것이 연구결과 밝혀진 것이다. 책상 위에 또는 영화관 팔걸이 옆에 놓여 있는 작은 팝콘 봉지 안으로 아무 생각 없이 손을 뻗치는 그 흔한 간식거리에 건강에 해로운 포화지방이 이토록 많이 함유되어 있다는 것은 공익의 안전이 주요임무인 아트 실버맨에게는 놀라운 사실이었다. 더구나 포화지방 37그램은 가장 작은 미디엄 사이즈 팝콘에서 추출한 수치였다. 보다 큰 사이즈의 팝콘이라면 훨씬 더 많은 포화지방을 함유하고 있을 것이다. 실버맨의 고민은 37그램의 포화지방의 해로움이 진정 어떠한 의미인지 아는 사람이 거의 없다는 점이었다.

'어떻게 하면 포화지방이 건강에 매우 해롭다는 사실을 사람들에게 경각심을 주며 알릴 수 있을까?'

실버맨은 심각하게 이 문제에 대하여 고민을 했다. 그리고 마침내 해결책을 생각해내었다. 그 결과, 1992년 9월 27일 실버맨은 기자회견을 열었다. 그가 기자회견에서 경고한 메시지는 다음과 같다.

"사람들이 영화관에서 판매하는 미디엄 사이즈 버터 팝콘에는 베이컨과 달걀을 곁들인 아침식사와 빅맥과 감자튀김으로 이루어진 점심식사 그리고 다양한 사이드 메뉴를 곁들인 스테이크 저녁식사보다도 더욱 동맥경화증을 유발하는 포화지방이 많이 함유되어 있습니다. 놀라운 사실은 따로따로가 아니라 이 세 끼니를 모두 합친 것보다 더 많이 말입니다!"

CSPI의 직원들은 경각심을 높이기 위한 방법으로 시각적 장치도 준비했다. 텔레비전 카메라 앞에 아침, 점심, 저녁 식사로 먹을 수 있는 온갖 기름진 식재료와 몸에 매우 해로운 콜레스테롤이 많이 함유된 음식들을 전시해 놓았다. 그리고 그 옆에 이 모든 음식물을 합친 것보다도 더 많은 양의 농축포화지방이 담긴 투명한 용기 앞에 '미디엄 팝콘에서 축출한 농축포화지방'이라는 글자를 카메라는 집중적으로 보여줬다.

실버맨의 이 메시지는 엄청난 파장을 일으켰다. CBS, NBC, ABC, CNN 등의 방송이 특집으로 실버맨의 기자회견 소식을 뉴스에 내보냈다. 〈USA 투데이〉〈로스엔젤레스 타임스〉〈워싱턴 포스트〉 같은 메이저 신문사 등도 이 소식을 주요 섹션의 1면을 할애했고, 헤드라인 역시 기름진 문구들을 쏟아냈다. 실버맨의 기자회견 메시지는 사람들의 머리에 각인되었다. 팝콘 판매량은 순식간에 곤두박질쳤고, 대부분의 대형 영화관 체인들이 코코넛 오일을 사용하지 않겠다는 성명을 발표했다.

CSPI의 연구원 실버맨은 아마도 끊임없이 이 문제에 대한 해결책을 고민하고 스스로에게 질문을 던졌을 것이다.

'포화지방의 위험성을 어떻게 하면 효과적으로 국민들에게 전달할 수 있을까?'

미국의 심리학자인 로버트 마우라는 질문의 효과를 '뇌의 해마 작용에 의한 것'이라고 설명한다. 해마는 뇌에서 '기억'을 담당하는 중요한 기관으로써, 어떤 정보를 기억했다가 언제 다시 꺼낼 것인가를 결정하는 곳이다. 반복된 질문은 해마가 그 정보를 중요하다고 인식하고 자연스레 주의를 기울이도록 만든다. 그런데 만일 이 상황에서 CSPI를 책임을 지고 있는 고위급 간부가 실버맨에게 "포화지방의 위험성을 빨리 발표 안하고 뭐해. 제대로 해!"라고 고압적으로 명령했다면 어땠을까?

실버맨은 반발하면서 이 문제의 심각성을 깊게 고민하지 않았을 것이다.

하지만 실버맨은 공공의 영양에 책임의 사명이 있는 연구원으로서, "이 사실을 어떻게 소비자들에게 알려야 경각심을 확실하게 심어줄 수 있을까?"를 스스로에게 자문했던 것이다. 그래서 스스로의 질문에 대한 현명한 답을 결정하고 행동했던 것이다.

질문은 명령보다 훨씬 생산적이어서 아이디어나 해결책을 도출하는 데 도움이 된다.

심리학자 마우라는 "당신의 뇌를 프로그램화하는 가장 강력한 수단 중 하나는 질문을 하는 테크닉이다."라며 다음과 같은 말을 첨가했다. "또한, 바보 같은 질문이든 기묘한 질문이든, 질문은 뇌를 자각시켜 조용히 생각하도록 만든다."

TV채널을 돌리다가 우연히 '도전 골든벨'이라는 TV 프로그램을 시청하게 되었다. 진행자는 문제를 제시했고 학생들은 답을 적고 있었다. 나 역시 진행자의 문제제시에 귀를 기울여 가며 문제를 풀었다. 다행히 아는 문제가 나왔기 때문에 제시된 문제의 정답을 맞힐 수 있었다. 나는 어느덧 TV에 시선을 고정한 채 문제를 풀어나갔다. 계속 다음 문제는 뭘까? 하며 궁금증이 생겨서 마지막까지 TV 앞을 떠나지 못했다.

누구나 한 번쯤 이런 경험이 있으리라고 생각한다. 소설이나 영화 등 선풍적인 인기를 끌거나 많은 사람을 매료시킨 작품들은 대부분 '미스터리' 요소를 지니고 있다. 일본 추리소설작가 히가시노 게이고의 〈용의자 X의 헌신〉, 반전으로 유명한〈식스 센스〉〈유주얼 서스펙트〉와 같은 영화들은 결론이 날 때까지 눈을 뗄 수가 없다. 책 또는 영화를 보면서,

"이 상황에서 작가가 표현하고자 하는 바는 무엇일까?"

"도대체 왜 이렇게 스토리가 전개되는 거지?"

이와 같이 끊임없이 스스로에게 질문하기 때문에 긴장감을 놓칠 수가 없는 것이다.

〈판도라의 상자〉 이야기에서도 알 수 있듯 궁금증은 모든 시대 인간의 공통점이다. 그러기에 질문은 인간의 본능이다. 하늘이 무너져도 솟아날 구멍은 있다는 말처럼, 그 구멍을 찾기 위한 행동은 좋은 질문에서 시작된다.

질문은 상대방을 집중시킨다

손을 어디에 둘지 몰라서 허공을 헤매고 온 몸엔 식은땀이 났다. 긴장을 하다 보니 계속 같은 단어만 반복하고 다음 말이 생각나지 않는다. 사람들이 내 말에 집중하지 않고 내 강연에 무관심한 것 같다. 가끔 잠자고 있는 나에게 찾아오는 꿈 이야기다.

여러 사람 앞에 서서 이야기를 하는 일, 강연에 익숙하지 않던 시절 "어떻게 하면 사람들이 내 강연에 집중하게 할 수 있을까?" 고민도 하고 노력도 해봤지만 강단에 서는 일이 두렵던 시간이 있었다. 어느날, 긴장하고 있는 내 모습이 안타까웠는지 나를 지켜보던 선배가 나의 등을 두드리며 말했다.

"민창아, 혹시 네 마음속에 롤 모델로 정한 강사가 있지 않니? 그

분의 강연 영상을 보고 따라해 보는 것은 어때?"

선배의 말을 듣고 유튜브에서 내가 평소 저 강사처럼 되고 싶다는 부러운 마음을 품은 강사들의 영상을 찾아보며 그들의 특성을 분석하기 시작했다. 분석을 해보니 그들과 나의 결정적인 차이점이 보였다. 그것은 바로 '질문'이었다. 그들은 강연 도중 끊임없이 청중들을 향해 질문을 던졌고, 청중들은 강사의 질문이 마치 자신을 향하기라도 하는 듯 긴장감 속에서 노련한 강사의 강연에 빠져 드는 것이었다.

"여러분이 만약 이런 상황에 처해있다고 가정해봅시다. 여러분은 어떻게 하시겠어요?"

강사의 이러한 질문에 청중들은 그 상황을 상상하는 것만으로도 강의에 집중하는 듯이 보였다. 반면, 지금까지 내 강연은 며칠 밤을 새우며 외웠던 대본을 그대로 읽는 수준이었다. 그것은 강연이라기보다는 독백에 가까웠다.

청중들에게 자연스럽게 질문을 던지며 강연을 할 수 있게 되기까지 얼마나 많은 불면의 밤을 보냈던가. 언제부터인가 나는 강연도중 청중들에게 질문을 하고 있었다.

"여러분이 생각하는 사랑이란 무엇인가요? 10초 정도 생각할 시간을 드리겠습니다."

"자, 사랑에 대해 생각해 보셨나요? 지금 머릿속으로 그리고 있는 사랑이란 개념은 제각기 다르겠죠. 저는 사랑을 마음의 거울이라고 생각합니다. 제가 왜 그렇게 생각하느냐면…"

이와 같이 청중들에게 질문을 던지고 내 논지를 풀어나갈 때 청중들의 참여도가 훨씬 높고 청중들의 호응도 좋아지는 것이 느껴졌다.

질문은 일대 다수의 상황에서뿐만 아니라 일대 일의 상황에서도 상대방을 집중시키는데 탁월한 역할을 한다. 예를 들어 누군가를 만났을 때 상대방이 대화에 집중하지 않고 다른 곳을 보거나 지루한 티를 내면서 질문도 전혀 없다면 어떻게 할 것인가?

한 대학교 동아리에서 주최하는 강연행사에 패널로 초빙하고 싶다는 연락을 받았다. 그 행사는 학교에서 발생하고 있는 논쟁거리들을 다수가 공감할 수 있는 키워드로 풀어내기 위해 토론의 자리를 갖자는 취지에서 기획을 한 행사였다. 나에게는 '자존감'이라는 키워드로 강연과 질의응답을 원한다는 내용이었다. 나는 흔쾌히 승낙했고, 강연 전 주최 측과 사전미팅을 하기로 한 약속장소에 나갔다. 카페에 한 남학생이 자리에서 일어나며 나에게 인사를 했다. 나 역시 "안녕하세요, 권민창입니다."하고 인사를 한 후 학생과 마주앉아 강연 내용에 대하여 설명을 하는데도 학생은 내 말에는 관심이 없는 듯 핸드폰을 만지작거리는 것이 아닌가.

'아니, 자신이 초빙한 사람을 앞에 놓고 지금 뭐하자는 거야?'

마음속으로는 좋지 않은 감정이 치밀어 올랐지만 나는 하던 말을 멈추고 약 10초 정도 침묵으로 시간이 흘러가게 했다. 그러자 학생은 뭔가 이상함을 느꼈는지 나를 쳐다봤다. 나는 학생에게 물었다.

"학생, 오늘 우리가 의논할 가장 중요한 주제가 뭐죠?"

학생은 나를 바라보며 자세를 고쳐 앉았다. 나는 학생을 지긋이 바라보며 학생의 대답을 기다렸다.

"음, 글쎄요."하며 학생이 말했다.

"강사님과의 사전미팅을 통해 자존감이라는 키워드에 대해 좀 더 효과적으로 어필할 부분을 찾는 거겠죠."

나는 마치 자기와는 상관없는 일이라는 듯이 말하는 학생을 보며 말했다.

"아직 보여줄 피피티가 좀 더 있는데, 학생은 이 주제 말고 다른 부분에 더 관심이 있는 것 같다는 생각이 드는군요. 그 이유를 물어봐도 될까요?"

그러자 그 학생은 한숨을 내쉬며 말했다.

"사실 강사님을 초빙한 사람은 제가 아니고 동아리의 다른 학생입니다. 저 역시 동아리의 회원이지만 이 프로그램의 진행에 대해 회의적인 입장입니다. 그런데 강사님을 초청까지 하였고, 이미 학교에서는 행사에 대한 예산이 지급되었습니다. 그런데 오늘 강사님을 초빙한 친구가 갑자기 급한 일이 생기는 관계로 제가 대신 강사님을 만나러 왔습니다. 집중을 못하는 모습을 보여서 죄송합니다."

나는 학생의 말을 들은 후 부드럽게 질문했다.

"아닙니다. 그럴 수도 있죠. 그런데 조금 전에 학생은 이 프로그램의 진행에 대해 회의적이라고 하였는데 어떤 부분이 회의적인가를 물어봐도 될까요?"

질문만 바꿨는데 주제가 갑자기 바뀌었다. 그 학생은 프로그램의 취지는 좋지만 이번 행사를 홍보할 수단이나 학생들의 참여율에 대한 고민을 하고 있었던 것이다.

나는 행사에 관한 질문을 몇 가지 한 후, 학생이 고민하는 문제에 대해 대화를 나눴다. 내가 준비했던 피피티는 다 보여주지 못했지만, 학생의 고민거리인 동아리 학생들의 관심을 높일 수 있는 아이디어를 몇 가지 제시했다. 미팅이 끝나고 자리에서 일어서려는 나에게 학생이 말했다.

"다음 주에 다시 뵙고 이 문제에 대해서 더 말씀을 나눌 수 있을까요? 홍보와 참여율만 해결이 된다면 동아리차원을 넘어 학교차원에서, 보다 큰 행사로 발전할 수 있을 것 같다는 생각을 했습니다. 좀 더 세부적인 논의가 있은 후에 많은 학생이 참여하고 호응할 때, 강사님을 초빙하는 것이 강사님께도 결례가 안 된다는 생각이 듭니다. 오늘 말씀해주신 강사님의 좋은 아이디어들을 다시 한 번 동아리 회원들과 의논해보겠습니다. 감사합니다."

돌아오는 길에 나는 생각했다. 그 자리에서 집중하지 못하는 학생을 붙잡고 일방적으로 내 이야기만을 했더라면 서로의 시간만 소비하는 상황이 됐을 텐데 감정적으로 대처하지 않고 그 학생의 의사를 묻는 질문을 함으로써 훨씬 더 가치 있는 시간을 만들 수 있었다고.

누군가에게 중요한 문제를 진심으로 함께 고민할 때 서로의 관계는 진정성 있는 관계로 발전한다. 또한 공감대를 형성해서 서로를 더 소중하고 의미 있는 사람으로 인식하게 된다.

질문의 4가지, LHBE

나는 질문을 가벼운 질문, 무거운 질문, 나쁜 질문, 좋은 질문 4가지로 분류한다.

첫 번째 가벼운 질문을 예를 들어 설명하자면 다음과 같다.

우리는 고기를 구울 때 불판 위에 고기부터 올려놓는 것이 아니라 불판을 적당히 달군 후에 올려놓는다. 대화의 순서 또한 이와 같다. 본론으로 들어가기 전에 서로의 긴장을 풀기 위해서 가벼운 질문은 효과적이다.

"날씨가 참 좋죠?"

"식사 맛있게 하셨나요?"

등과 같은 질문은 "예,"라는 답변을 기대하는 질문이다. 만약 상대방이 대화의 핑퐁을 아는 사람이라면, "네, 날씨가 참 좋네요. 아, 그런데 내일부터는 미세먼지가 많다던데 건강에 유의하세요."

"네, 저는 식사를 맛있게 했습니다. 맛있게 드셨나요?"

등과 같이 상대의 물음에 답변을 하며 서로 가벼운 질문을 주고받는 것이다. 하지만 "예, 아니요"같은 단답형의 대답이 나온다 할지라도 상대가 대답을 했다는 것은 나의 질문을 받아들였다는 뜻이기 때문에 서로가 어색하게 앉아있거나 바로 본론으로 들어가는 것보다는 더욱 자연스러운 자리가 될 수 있는 것이다.

두 번째, 무거운 질문이다. 무거운 질문이란 주로 '대화의 핵심'인 경우가 많다.

누군가 상담을 요청해서 자신의 아픈 가정폭력의 경험을 말했다고 하자. 그 사람의 말을 듣고, "아, 그런 힘든 일을 겪으셨군요."라고 대답을 끝낼 것이 아니라, "아, 그런 힘든 일을 겪으셨군요. 많이 힘드셨겠습니다. 괴로우시겠지만 그 상황에서 느꼈던 감정을 말씀해주실 수 있나요?"라며 그 사람을 다시 상황 속에 포함시키는 것이 무거운 질문이다.

이 질문을 사용할 때는 조심해야할 사항이 있는데, 그것은 충분히 서로의 감정이 공유되었는지의 여부이다. 집을 지을 때 기초 공사를 하고 지붕을 올려야하듯이 서로의 감정이 충분히 공유되지 않았는데 무거운 질문을 던진다면 기초 공사 없이 지붕을 올리는 것과 같은 위험한 일이다. 그렇기에 무거운 질문은 신중하게 사용해야 한다.

세 번째, 나쁜 질문이다. 나쁜 질문은 가벼운 질문과 무거운 질문의 장점은 배제한 채 단점만 갖고 있는 질문이다.

예를 들어 얼굴이 좀 부자연스러운 사람에게 "혹시, 성형수술 받으셨어요?" 라든가, 이혼을 한 사람에게 "웬만하면 참고 살지, 왜 이혼하셨어요?" 등, 상대방에 대한 배려와 존중은 배제한 질문이다. 나쁜 질문은 앞에서 불판의 예를 들었을 경우와 마찬가지로 불의 세기조절을 하지 못해 고기가 타버린 경우와 같다. 이미 타버린 고기는 굽기 전으로 되돌릴 수가 없다. 나쁜 질문은 상대방과의 관계를 다시는 돌이킬 수 없을 정도로 악화될 수 있는 것이다.

네 번째, 좋은 질문이다. 좋은 질문은 가벼운 질문과 무거운 질문의 장점을 모두 갖고 있는 '잘 익은 고기'인 것이다.

2017년 초, 경기도 고양시에 위치한 대화도서관에서 강연을 마치고 강연자 대기실에서 쉬고 있는데 어느 분이 찾아오셨다. 강연 중간 중간 고개를 끄덕거리며 미소를 짓고 계셨던 분이라는 것을 기억하는데 대기실로 나를 찾아온 것이다.

"강사님, 강연 잘 들었습니다. 특히 행동력에 관한 부분이 마음 깊이 와 닿고 좋았습니다. 그래서 강사님께 행동력에 대해 질문을 한 가지 해야겠다는 생각이 있어서 찾아왔습니다. 강연 내용 중 실행의 세 가지 요소에 대해 다시 한 번 강사님의 설명을 들을 수 있을까요?"

나는 곰곰이 생각한 후 말했다.

"선생님, 저의 강연에 관심을 갖고 지켜봐주셔서 감사드립니다. 선생님께서 말씀하신 제가 생각하는, 사람을 움직이게 하는 실행의 요소 3가지는 시선, 꿈, 성과입니다. 제가 하는 일의 특성상 타인의 시선을 많이 의식합니다. 그러기에 좀 더 좋은 모습을 보이기 위해 나름대로 노력을 하고 있습니다. 그리고 꿈은 제가 강연에서도 말씀드렸듯이 지금 제가 하고 있는 일에 최선을 다하는 것입니다. 그래서 꿈을 이루기 위해서는 끊임없이 계획한 일을 실천해야하고 내실을 쌓아야 합니다. 마지막으로 성과는 지금 제가 하고 있는 일이 육체적, 정신적으로 힘들더라도 그 일들은 일시적으로 소비되고 없어지는 것이 아니라 그 과정을 통해 성장하는 것이라고 생각하기 때문에 3요소에 포함시켰습니다. 선생님의 질문에 적당한 답변이 되었는지는 모르겠지만 좋은 질문 감사드립니다."

나는 그 분께 행동력의 3요소에 대하여 설명하면서 새삼 스스로 느끼고 깨우칠 수 있었다. 질문을 통해 나를 돌아보게 된 것이다. 내 단점은 많은 일을 벌려놓는다는 것이다. 이에 대하여 말하자면, 나는 무슨 일이라도 어떻게든 할 수 있다고 생각했으며 그 일들이 내 성장의 밑거름이 된다고 믿으며 악착같이 붙잡고 있었던 것이다. 그런데 돌이켜 생각해보니 그 일들이 스트레스의 원인이었다는 것을 깨달은 것이다.

집으로 돌아오는 차 안에서도 그 생각이 머리에서 떠나지 않았다. 그래서 집에 돌아오자마자 내가 벌려놓은 일들을 생각나는 대로 기록했으며 하나하나씩 밑줄을 그어가며 정리했다.

'꼭 해야 할 일, 나중에 해도 될 일, 안 해도 무방한 일.'

그렇게 정리하다 보니 마음속 짐으로 남아있던 많은 일들이 우선 행동으로 옮겨야할 두 가지로 줄어들었다. 일이 두 가지로 줄어드니 마음이 훨씬 편해졌다. 이제부터는 타인의 시선에 신경 쓰기보다 내가 해야 할 일을 확실히 알고 진행을 할 수 있었던 것이다.

정리가 끝난 후, 그 분에게 받은 명함에 기록된 휴대폰 번호로 문자를 보냈다.

'권민창입니다. 좋은 질문 감사드립니다. 덕분에 제 자신을 돌아볼 수 있었습니다.'

그 분께 곧 답장이 왔다.

'강사님은 충분히 젊고 현명하십니다. 저는 강사님의 고양시 1호 팬입니다 ^^'

그 분은 깊은 경륜으로 나의 강연을 들으며 내가 뭔가에 쫓기고 있다는 것을 느꼈을 것이다. 그래서 스스로 깨닫게 해주기 위해 그런 질문을 한 것이라는 생각이 들었다.

좋은 질문이란 이런 것이다. 상대방의 문제점이나 대화의 핵심을 말하되 훈계 투의 언어를 사용하지 않고 상대방의 마음을 배려하면서 현명하게 풀어나가는 것.

좋은 질문은 생각을 정리한 후에 나온다. 상대방을 분석해야 하고 상대방의 문제점이나 대화의 핵심을 바르게 바라볼 수 있어야하며, 그것을 스스로 깨우칠 수 있도록 상대방에 대한 배려가 있어야 한다. 그런 과정을 통해 좋은 질문을 하는 습관이 생긴다면 누구를 만나거나 어떤 상황에 처해있어도 그 상황을 지혜롭게 풀어갈 수 있을 것이다.

질문의 긍정적인 3가지 기능

질문은 많은 긍정적인 효과를 불러온다. 그 중 세 가지 효과적인 기능을 꼽아보자면 다음과 같다.

첫 번째, 긍정적인 방향으로 마음에 변화를 준다.

"나는 왜 실패만 할까?"

"나는 왜 인기가 없을까?"

이와 같은 질문을 스스로에게 한다고 가정해보자. 그러면 우리의 뇌는 그 질문에 초점을 맞추기 때문에 실패만 하고 인기가 없는 이유만을 찾아낼 것이다.

"넌 안 돼, 너의 힘으로는 무리야."

"그것은 정말 힘든 일이야, 괜히 시간 낭비하지 말고 여기서 중단해."

이러한 부정적인 답을 제시할 것이다. 그 결과 부정적인 늪에 빠지게 된다. 그러나 부정적인 질문 대신,

"이번 일에 좋은 결과를 얻기 위해서는 어떻게 행동을 하는 것이 좋을까?"

"어떻게 하면 사람들에게 신뢰를 얻고 사랑받을 수 있을까?"

이와 같이 진취적이고 긍정적인 질문을 한다면 우리의 뇌는 그 결과에 초점을 맞출 것이다. 긍정적인 생각이 긍정적인 행동을 유발하게 되는 원천이 되는 것이다. 이처럼 끊임없이 긍정적인 질문을 하고 그 답을 구하려고 노력한다면 궁극적으로 도움이 되는 필요한 해답을 도출해낼 수 있다.

긍정적인 자기 암시와 긍정적인 질문에는 큰 차이가 있다. 내가 읽어 본 많은 자기계발 도서에는 수시로 거울을 보며 "난 행복하다"고 외치는 습관이 긍정적인 삶을 사는 데 큰 도움이 된다고 강조하지만 내가 생각하기에는 현실적으로 삶이 너무 버겁고 힘든데 거울을 보며 '행복한 '척'을 하는 것이 삶에 도움이 될까라는 의문이 생긴다. 답답한 마음에 한 동안은 지속할 수 있겠지만 아마 작심삼일이 될 확률이 높다. 그렇다면 실질적으로 우리 감정을 긍정적으로 변화시키기 위해선 어떻게 해야 할까?

나는 자신의 현실을 올바로 직시할 수 있도록 하는 질문을 권하고 싶다.

"지금 나는 무엇에 행복을 느끼는 거지?"

"행복한 삶을 위해 무엇을 해야 할까?"

이와 같은 현실에 대한 구체적인 질문을 해보자.

관점을 거울을 보며 '행복한 척 하기'에서 자신이 진정으로 '원하는 행복'을 구체적으로 생각하는 생활로 변화해야 한다는 것이다.

이러한 질문들을 계속하다보면 자신이 행복을 느낄 수 있는 이유에 초점을 맞추게 되고 그것을 이루기 위해 노력하게 될 것이다. 단지 생각의 관점을 바꿨을 뿐인데 우리의 현실을 희망적인 관점으로 바꿀 수 있다.

"나에게 가장 행복했던 때는 언제였던가?"

스스로 이 질문에 답을 하기 위해 기억을 떠올려보면 순간적으로 기분이 매우 좋아질 것이다. 간직하고 싶은 가장 행복했던 순간은, 원하던 대학에 합격한 순간일 수도 있고 사랑하는 사람과 처음으로 입을 맞춘 날일 수도 있다. 질문은 바로 그런 순간들로 우리를 안내해준다.

두 번째, 질문은 우리가 집중해야 할 것과 지워야 할 것들을 정리해주는 힘이 있다.

어쩔 수 없이 해야만 하는 업무, 빠질 수 없는 회식, 건강을 위한 규칙적인 운동 등등.

우리는 삶을 유지하기 위하여 해야 할 많은 일들이 있다. 반드시 해야만 하는 것도 있지만 하지 않아도 당장 아무런 문제가 없는 것들도 있다. 그렇지만 사람은 시간적 공간적으로 할 수 있는 한계가 있기 때문에, 모든 것을 한꺼번에 다 할 수는 없다. 그렇기에 자신에게 닥친 지금의 일, 현상에 최선을 다하는 것이 현명한 행동이다.

가령, 소개팅 자리에 나갔는데 정말 내 마음을 사로잡는 사람을 만났다고 가정해보자.

그 사람과 마주 앉아 있는 순간에는 그 전에 힘들고 슬픈 일이 있었을지라도 오직 이 순간에 최선을 다 할 것이다. 그것은 우리의 뇌는 의외로 단순하기 때문에 지금의 순간이 행복하고 기쁘다면 기분이 나빠질만한 다른 정보들을 배제하기 때문이다.

이와는 반대로 어떤 질문은 그 사람이 현재 관심을 갖고 있는 생각에 부정적인 변화를 주기도 한다. 예를 들어, 어떤 사람과 함께 여행 계획이 있다고 하자. 그런데 그 사람이 갑자기 이런 질문을 했다.

"나와 함께 여행을 가는 것이 기분 나쁜가요?"

그 질문을 받기 전에는 전혀 생각하지도 않은 일이었지만 기분은 돌변할 수 있다. 그 이유는 "나쁜가요?"라는 부정적인 말로 질문이 끝났기 때문이다. 그 질문을 받은 나는 속으로 생각할 것이다. '나와 함께 여행을 가는 것이 싫은가?'

이유는, 이러한 질문을 받으면 본능적으로 그 사람이 나와 여행을 가면 기분이 나쁜 이유를 찾기 때문이다. 마찬가지로 누군가가 "지금 당신은 삶에 어떤 불안요소가 있습니까?"라고 묻는다면 당장 그 질문에 대답을 하지 않는다고 하더라도 우리의 뇌는 '내 삶에 어떤 불안요소가 있지?'라고 끊임없이 그에 대한 답을 찾으려 한다는 것이다.

반대로, "현재 당신의 삶에서 가장 행복하다고 느끼는 것은 무엇인가요?"라는 질문을 받았다고 해보자. 그렇다면 우리는 가장 행복했던 기억들과 그 기억에서 행복을 느꼈던 순간을 떠올리며 기분이 좋아질 것이다.

질문은 의식의 돋보기와 같다. 그러므로 우리가 집중해야 할 부분과 행동을 결정한다. 따라서 어떤 일에 대한 결과가 불만족스러울 때 우리 스스로에게 할 수 있는 현명한 행동은 '어떻게 하면 다시는 이런 일을 되풀이하지 않을 수 있을까?'를 스스로 생각하며 자문하는 것이다. 스스로 이런 질문을 함으로써 불만족스러운 일을 반복하지 않도록 도와주는 잠재의식을 우리 안에서 발견할 수 있는 것이다.

세 번째, 질문은 우리의 잠재력을 발휘시켜준다.

애플의 창립자 스티브 잡스(Steve Jobs)는 항상 애플의 직원들에게 "당신은 어떻게 생각하나요?" 그리고 "어떻게 하면 지금보다 더 효율적으로 개선할 수 있을까요?"라는 질문을 했다고 한다. 이 질문을 들은 직원들은 언제나 지금보다 더 좋은 결과를 만들기 위해 노력했고, 그 결과 애플은 독보적인 기술력과 브랜드 네이밍을 갖출 수 있게 되었다.

우리 역시 이와 같은 능력을 갖추고 있다. 그것을 극대화시키는 것은, 자신에게 던지는 질문의 내용을 바꾸면 가능하다.

"나는 무엇을 잘하는가?"

"내가 간절히 하고 싶은 것은 무엇인가?"

"그것을 위해 나는 무엇을 해야 하고 무엇을 할 수 있는가?"

스스로 질문을 해보는 것이다. 꾸준히 자신에게 긍정적이고 발전적인 질문을 하는 습관을 들인다면, 인생의 궁극적인 목표를 성취하는 데 큰 도움이 될 것이다. 대부분의 사람들이 "이 상황을 어떻게 하면 기회로 삼을 수 있을까?" 등의 질문을 스스로에게 하지 않는 이유는, 주변의 많은 사람들이 그것은 가능하지 않다고 이야기하기 때문이다. 그들은 자신에게 닥친 어렵고 힘든 상황을 극복하려는 노력은 시간과 에너지를 낭비할 뿐이라고 말하며 익숙한 기존에 하던 방식을 답습한다. 새로운 방식의 노력을 하지 않는 것이다. 그들의 편협하고 관습화 된 방식에 의문을 갖지 않는다면 당신도 그와 같은 길을 걸을 확률이 높다. 스스로에게 자기 자신의 잠재적인 능력에 제한을 가하는 질문보다, 긍정적인 질문을 하자. 긍정적인 질문은 자신의 삶을 긍정적으로 변화시킬 것이다.

질문 :

• 당신의 강점은 무엇인가요?

• 그 강점을 얼마나 잘 활용하고 있나요?

답변 :

....

....

....

....

....

....

....

2장

질문의
5P 효과

가능성을 일깨워준다(possibility)

 2017년 봄, 전라도 광주의 독서모임 '북럽'에서 강연 초청을 받았다. 그러나 이 날의 강연은 많은 우여곡절을 겪었다. 행사 주관자인 독서모임 담당자에게 보낸 피피티 메일이 열리지 않았고, 강연을 위해 준비한 USB도 작동이 되지 않았다. 당시 나는 강연 경험이 많지 않았기에 매우 당황스러웠다. 강연 시간은 어김없이 찾아왔고 결국 준비했던 강연내용을 머릿속으로 되살려가며 긴장 속에서 진행했다. 무슨 정신으로 강연을 진행하였는지 모를 정도의 강연을 끝내고 힘이 빠져서 대기실에 앉아 있는데 한 청년이 나를 찾아와서 인사를 했다.

 "안녕하세요, 권 작가님. 결례가 안 된다면 제가 식사를 대접하고 싶은데 저에게 시간을 내주실 수 있겠습니까?"

 "……"

광주는 장시간 이동을 해야 하는 먼 곳이었고 또 긴장을 많이 한 때문인지 무척 피곤했다. 때문에 쉬고 싶었지만 그 청년의 진지한 눈빛을 보니 거절할 수가 없었다. 그렇지만 지금 생각해도 그와의 만남은 내 인생에서 정말 소중한 만남이 되었다. 만약 피곤하다는 이유로 시간을 내지 않았다면 소중한 동생을 만나지 못할 뻔했다.

"권 작가님, 귀한 시간 내주셔서 감사합니다. 저는 00대학 간호학과에 재학 중인 오성훈이라고 합니다. 며칠 전에 국가시험을 치렀는데 합격이 된다면 간호사로 근무하게 됩니다. 시험도 끝났고 해서 충전의 시간을 갖는다는 생각으로 권 작가님의 강연을 듣게 됐습니다. 저는 지금 해보고 싶은 일이 많은데 제 이야기를 들어주고 이해하며 대화를 나눌 사람이 필요했습니다. 마침 오늘 권 작가님의 강연을 듣다보니 공감되는 내용이 많아서 가슴이 뛰는 느낌을 받았습니다. 그래서 결례를 무릅쓰고 이 자리를 만들게 되었습니다."

나는 침착하게 자신을 소개하며 반듯하게 예의를 지키는 모습에 호감이 생겨 자세를 바로 잡았다.

"권 작가님께서 강연 중에 용기 있게 행동하라고 하셨죠, 그래서 저도 이렇게 용기를 내서 행동을 했습니다."라며 나와의 만남을 위해 용기가 필요했음을 밝혔다.

나는 대화를 하며 그가 성실한 젊은이라는 것을 느낄 수 있었다. 성훈이는 하고 싶은 것도 많고 자신감도 충만한 것 같았다. 나는 호감 어린 눈빛으로 그를 바라보며 말했다.

"오늘 성훈 씨의 부탁을 들어주기를 잘 했다는 생각이 들어요. 이제 나도 광주에 좋은 후배가 생긴 것 같아요."

"권 작가님, 저를 동생처럼 생각하시고 말씀을 낮추셔도 됩니다. 저도 강연을 통해 좋은 분을 만나서 정말 좋습니다. 권 작가님 또한 광주 오시면 연락할 동생이 생겼네요."

우리는 서로 가벼운 농담을 하며 대화를 풀어갔다. 대화가 무르익을 무렵, 성훈이는 내게 다음과 같은 질문을 했다.

"형님은 독서량도 많으시고 또 책을 읽은 소감을 SNS에 깔끔하게 정리해서 남기시잖아요. 그래서 그 글을 읽는 저 역시 실제로 책을 읽지 않더라도 형님께서 올리는 글만으로도 책에 대해 어느 정도 지식이 생기고 또한 도움을 받고 있습니다. 그래서 저 또한 독서와 SNS를 시작해볼까 합니다. 그리고 SNS 브랜딩을 하고 싶습니다. 혹시 저에게 조언을 해주실 수 있겠습니까?"

나는 많은 질문을 받아보았지만, 이 때 성훈이가 했던 이 질문은 지금도 기억에 남는다.

그의 물음에 나는 잠시 생각을 하고 대답을 했다.

"음, 성훈이는 전공이 간호학과라고 했지?"

"네, 그렇습니다."

"그럼, 이제 곧 간호사가 되겠네?"

"네, 아직까지는 남자 간호사가 많지 않지만 지금은 지원하는 학생들이 꽤 있습니다. 이제 간호사는 여성이라는 생각은 과거의 일이 된 것 같습니다."

"그럼 책 읽는 남자 간호사로 이미지를 만들어보는 건 어떨까? 예를 들면 세 개의 피드 중에 두 개는 책을 소개하고 나머지 한 곳에는 책의 내용 중, 좋은 글귀를 정리하여 소개하는 거지. (*인스타그램이라는 SNS의 특징인데, 3개의 피드가 한 줄로 이어져 있기 때문에 3개가 통일성을 갖는다면 피드 자체가 굉장히 깔끔해진다.) 그리고, 간호 업무에 필요한 인터뷰나 간호에 관한 콘텐츠도 꾸준히 만들면 좋을 것 같다는 생각이 들어. 그렇게 꾸준히 하다보면 나보다 훨씬 더 사람들의 관심을 받을 수 있을 것 같다는 생각이 드는군. 차별성도 있고 독특하기도 하고 말이야. 경험이 쌓이면 책도 내고 강연을 하기에도 좋은 소재가 될 수 있을 것 같아."

내 말을 들으며 성훈은 연신 고개를 끄덕였다.

"형님, 너무 감사합니다. 사실, 저 또한 기회가 되면 책도 발간하고 싶고 강연도 하고 싶었는데, 내가 과연 할 수 있을까라는 의문이 있었습니다. 하지만 형님을 통해 희망을 갖게 되었고 또 구체적인 대답을 들었으니 이제 실천하기만 하면 되겠네요. 정말 감사합니다."

그 만남이 있은 후, 성훈은 READING NURSE(책 읽는 간호사)로 66일 동안 책 33권 읽기 프로젝트를 진행하며 꾸준히 SNS에 독서 관련 글들을 사진과 함께 올렸다. 그뿐만 아니라 관심 있는 강연을 찾아다니며 강연에 참석한 사람들과 토론을 하고, 그들을 통해 배운 내용도 올렸다. 그렇게 꾸준히 노력한 결과, 성훈이의 SNS는 내가 놀랄 정도로 사람들에게 노출이 되고 구독하는 사람들도 많아졌다. 그럴수록 성훈이는 '어떻게 하면 좀 더 자신의 이미지에 맞는 참신한 콘텐츠를 만들 수 있을까?'라는 질문을 스스로에게 했으며, 지금은 〈남자 간호사의 한 컷 공감 툰〉을 만들어 전국의 많은 간호사들의 공감을 얻고 있다.

나는 나날이 발전하는 성훈이의 형이라는 사실을 자랑으로 삼고 있다. 지금도 자주 연락하며 서로의 근황을 묻고 있는데 최근에는 지금까지 쌓아왔던 콘텐츠와 간호 관련 채널들을 활용해서 〈간편 간호 스타트업〉을 시작했다고 한다. 성훈의 팔로워는 어느덧 만 삼천 명이 되었으며 또한 매번 올리는 자료마다 2만 명 이상에게 노출되고 있다. 간호업계에서는 '인플루언서Influencer'(영향력이 있는 사람)가 되었다.

성훈은 나를 만날 때면 말한다.

"그 때 형님을 만나지 못했더라면 저에게 이런 기회가 없었을 것 같아요."

그의 말에 나는 이렇게 응답한다.

"성훈아, 너는 나에게 좋은 질문이 사람의 인생에 얼마나 큰 영향을 미칠 수 있는지, 생생하게 증명해준 소중한 동생이야. 네가 좋은 질문을 했기에 나 역시 좋은 방법을 제시할 수 있었던 것 아니겠니. 나도 네가 정말 대견하고 고마워."

좋은 질문은 능동적으로 학습할 기회를 만들어준다. 또한 질문을 받은 사람에게 스스로 생각하고 현명한 방법을 찾을 기회를 준다. 누군가를 성장시키고 싶다면 일방적으로 가르치기보다 좋은 질문으로 스스로 깨달음을 얻을 기회를 제공해 보라. 좋은 질문을 받은 그 사람은 새로운 생각을 할 것이고 그렇게 생성된 생각을 활용하며 자신의 가능성을 발견하기 위해서 노력할 것이며 빠르게 성장할 것이다.

명확한 목적을 설정할 수 있다
(purpose)

세계적인 동기부여 전문가인 브라이언 트레이시는 자신의 저서 〈잠들어 있는 성공 시스템을 깨워라〉에서 목표를 세울 때 반복해서 묻고 답해야할 일곱 가지의 질문을 강조한다.

1. 자신의 삶에서 가장 중요한 다섯 가지는?

2. 지금 가장 중요하게 생각하는 인생의 목표, 4가지는?

3. 앞으로 6개월밖에 살 수 없다면, 어떤 일을 하며 어떻게 시간을 보낼 것인가?

4. 복권에 당첨되어 갑자기 엄청나게 많은 돈이 생긴다면?

5. 오랫동안 해보고 싶었으나 지금까지 시도해보지 못했던 일은?

6. 자신에게 자부심과 만족감을 주는 일은?

7. 절대로 실패하지 않는다고 가정했을 때, 꼭 하고 싶은 한 가지
   는?

위의 질문에 별 다른 고민을 하지 않고 답변을 적어 내려간 사람이
라면 아마도 자신의 삶에 명확한 목표가 있는 사람일 것이다. 하지만
다음과 같이 대답하는 사람도 있을 것이다.

"나는 답을 많이 적지 못했어요. 어떤 문제가 있나요?"

하지만 몇 가지 질문에 답을 하지 못했더라도 크게 문제될 것은 없
다. 이와 같은 질문에 진지한 고민을 하고 있다는 것만으로도 성장의
가능성이 있다.

2018년 초, 춘천에서 직업군인으로 근무하는 전종혁 중사를 만날
수 있었다. 그는 내가 집필한 책을 읽고 공감을 느껴서 나를 만나기 위
해 직접 내가 근무하고 있는 지역으로 찾아왔다. 그를 만나서 대화를
하며 열정이 대단한 사람이라는 생각을 하였는데 그 이유는, 책을 통
해 접하게 된 저자를 만나기 위해 먼 거리를 찾아오는 배움에 대한 노
력과 자기관리가 철저하다는 점이었다. 그는 매일 몸을 단련하기 위
하여 운동을 하고 책을 읽고 글을 쓴다고 하였다. 얼마 전에도 자신이
쓴 독서칼럼이 국방일보에 기고되었다며 자랑스럽게 말하는 모습에
서 진솔한 사람이라는 생각이 들었다. 많은 사람이 나이가 들고 삶이
안정되면 새로운 도전을 피하는 성향이 있지만 내가 겪어본 그는 남

다른 면이 있었다. 그것은 자신이 하고자 하는 일을 위해 시간과 노력을 투자하고 도전할 준비가 되어있는 사람이라는 것이다.

내가 그에게 느낀 한 가지 아쉬운 점이 있었는데, 그것은 자신이 이루고자 하는 목표가 구체적이지 않다는 생각이 들었기 때문이다. 그래서 나는 그에게 다음과 같이 질문을 했다.

"전 중사님은 지금까지 지내오면서 정말 잘했다고 생각되는 자신의 행동이 있다면 어떤 것인가요?"

나의 질문에 그는 웃으며 말했다.

"늦은 나이에 독서에 관심을 갖게 된 겁니다. 사실 나는 독서에 관심을 갖기 전에는 내가 생각하기에도 심각한 정신병 환자였던 것 같아요. 사람들이 두려웠으니까요. 오죽하면 상부에서조차 요주의 인물로 지켜보는 관심간부였을 정도니까요. 사람들은 나에게 욕쟁이간부, 업무미숙자, 알콜 중독자, 성격파탄자 같은 호칭으로 부를 정도로 성격이 괴팍했습니다. 그러다가 결국 정신병원까지 찾게 되었습니다. 그 시기에 누군가의 권유로 독서를 하게 되면서부터 차츰 안정을 찾게 되었습니다. 나야말로 책을 통해서 생각이 바뀌고 행동이 바뀌고 인생이 바뀌었습니다."

나는 그의 이야기를 들으며 곰곰이 생각했다.

'과감한 행동력과 의지력은 좋은데, 어떻게 하면 그에게 구체적인 목표를 스스로 깨우치게 해줄 수 있을까?'

그는 작가와 강사의 길에 대해 무척 궁금해 하였다. 그래서 나는 다음과 같이 질문을 했다.

"전 중사님이 되고 싶은 작가와 강연자란 구체적으로 어떤 사람을 말하는 건가요?"

그러자 그의 얼굴에 당황한 기색이 역력했다. 잠시 침묵이 흐른 후, 진지한 표정으로 이야기를 시작했다.

"음, 내가 글을 쓰고 강연을 하는 사람이 되고 싶다는 생각을 한 것은, 예전의 나처럼 삶을 비관적으로 살아가는 사람들에게 희망을 품은 삶을 살 수 있도록 동기부여를 주고 싶기 때문입니다. 하지만 솔직히 그런 마음은 있는데, 그런 사람이 되는 방법을 모르고 있습니다. 그렇기 때문에 구체적으로 생각해보지 않았던 것 같습니다. 그래서 권 작가님을 만나고 싶었던 것입니다."

나는 고개를 끄덕이며 그에게 말했다.

"그렇군요. 하지만 전 중사님, 그런 꿈을 품고 있는 것만으로도 충분히 존중받을만합니다. 그렇지만 꿈을 달성하기 위해서는 지금 전 중사님의 환경에서 구체적으로 어떤 것들을 할 수 있을까요?"

나의 질문에 그는 자신도 그것이 궁금했다는 듯 나를 쳐다보았다. 나는 호기심을 보이는 그에게 웃으며 말했다.

"제가 전 중사님께 한 말씀 드리자면, 며칠 전에 글을 기고했던 국방일보 같은, 즉 다수에게 전 중사님의 글이 노출 될 수 있는 곳에 칼럼을 쓰는 겁니다. 아! 그리고 생각해보니 육군본부나 여단에서 주최하는 글쓰기 경연대회가 있지 않습니까. 그런 대회에 참여하여 전 중사님의 글을 알리면서 그렇게 점차 영향력을 펼쳐나간다면 전 중사님이 생각하는 꿈에 좀 더 구체적으로 다가갈 수 있지 않겠습니까?"

그 대화 자리에서 그의 꿈을 펼치기 위한 계획이 세분화되었고 꿈을 구체적으로 이루기 위한 플랜을 짜기까지 했다. 어느덧 세 시간을 넘긴 대화의 시간이 끝나고 그는 만족한 듯 미소를 띤 표정으로 말했다.

"권 작가님은 진정 나의 멘토입니다. 이 은혜 잊지 않겠습니다."

현재, 그는 군내에서 행정관련 일을 하며 꾸준히 칼럼을 쓰고 경연대회에는 빠짐없이 참여한다고 한다. 그리고 최근에는 여단에서 주최하는 경연대회에 출전하여, 100명의 간부와 지휘관들이 지켜보는 앞에서 자신의 이야기를 강연했다고 한다. 그는 또한 '군 최고의 독서 동기부여가'라는 명확한 꿈을 설정하고 구체적인 목표계획서를 작성해서 자신의 목표를 체계화하였으며 하나하나씩 달성해나가고 있다고 한다.

가끔 내 덕분에 후배들과 병사들에게 귀감이 되고 존경받는 선배, 상관이 될 수 있었다며 기분 좋은 목소리로 연락을 한다.

나는 행복한 삶은 진심으로 자신이 하고 싶은 일을 하면서 사는 삶이라고 생각한다. 행복한 삶을 살고 싶다면 스스로에게 질문을 해보자.

"내가 진짜 하고 싶은 것이 뭐지?"라고

긍정적으로 생각할 수 있다
(positive)

　내가 공부하고 있는 대학원 교수님의 권유로 EBS 다큐멘터리 〈학교란 무엇인가〉라는 프로그램을 시청하게 되었다. 다큐멘터리는 총 10부로 구성되어 있는데 그 중, 제 3부 〈0.1%의 비밀〉이라는 프로그램에 나는 크게 공감되었다. 그 내용은 다음과 같다.

　이 프로그램은 고등학교 전국 석차 0.1%의 학생 그룹과 그렇지 않은 학생 그룹의 차이를 실험을 통해 증명하는 연구였는데, 두 그룹의 지능지수는 크게 차이가 나지 않았다. 다만 상위 0.1%의 성적을 얻은 학생들은, 다음과 같은 두 가지의 다른 면이 차이가 나는 원인이라는 연구결과를 방송했다.

첫 번째 이유는, 아는 것과 알지 못하는 것을 명확하게 인지한다는 것이었다.

이 연구결과를 실증하기 위해 EBS는 0.1%의 그룹과 그렇지 않은 그룹, 각각 다섯 명의 고등학생을 대상으로 실험을 하였으며 학업 성취도와 기억력의 상관성에 대한 연구를 진행하였다. 이 실험에 대한 예시문제로는, 학생들 앞에 놓인 화면에 3초마다 한 단어씩 떠올랐다 사라지는 것이었으며, 75초 동안 25개의 단어가 두 그룹의 학생들에게 똑같이 제시되었고, 학생들은 자신이 기억하고 있다고 생각하는 단어의 개수를 최대한 많이 기록하는 것이다.

연구 결과, 0.1%의 그룹은 자신이 기억하고 있다고 기록한 단어의 개수와 실제로 맞춘 단어의 개수가 거의 일치했다. 하지만 그렇지 않은 그룹은 예측한 단어의 개수와 실제로 맞춘 단어의 개수에는 많은 차이가 있었다. 즉, 0.1%의 그룹은 자신의 한계점을 정확히 알고 그것을 보완하는 방법을 스스로 깨닫는다는 것이다. 반면, 그렇지 않은 그룹은 외우는 데 급급해서 문제 자체를 기억해 내지 못하고 있었다. 다시 말해서 지난 생각을 자문하는 능력이 부족했던 것이다.

이어서 두 번째 연구는 참여한 학생들의 평소 부모와의 대화를 조사하는 것이었다. 0.1%의 그룹, 그렇지 않은 그룹의 학생들은 부모와의 대화에서 또한 매우 다름이 있음을 알아볼 수 있었다. 예를 들면, 0.1% 그룹의 한 학생은 전날 밤늦게까지 컴퓨터 게임을 했다. 부모 입장에서는 하라는 공부는 안하고 게임을 한다며 화를 낼 수도 있을 법도한데 그 학생의 어머니는 다음과 같이 말했다.

"게임 충동을 스스로 조절할 수 있도록 계획표 같은 걸 세워 놓으면 게임할 시간과 공부할 시간을 구분할 수 있지 않겠니?"

그 학생의 어머니는 자식의 행동을 스스로 조절할 수 있도록 언급할 뿐 감정적으로 대하지 않고 자식의 행동에 대하여 긍정적으로 말한다는 것이다.

"엄마는 요즘 학생들이 정말 부러워. 자신이 좋아하는 게임을 마음껏 즐길 수 있다는 것이 말이야. 우리 때는 그런 게임놀이가 없었단다. 하지만 게임도 좋지만 공부와 건강도 스스로 알아서 할 수 있겠지?"

아들인 학생은 방송 인터뷰에서 기자의 물음에 "어머니와의 대화가 '즐겁다'"라고 말했다. 이렇듯 0.1%의 부모들은 자식에게 감정적으로 대화를 하기보다는 스스로 깨닫게 하고 긍정적인 방향으로 발전할 수 있는 질문을 한다는 것이다.

반면, 그렇지 않은 그룹의 부모들은 "너, 또 게임기만 붙잡고 있는 거야. 도대체 공부는 언제 하려고 그러니, 도대체 뭐가 되려고 그래?" 등과 같은 부정적인 질문을 자녀에게 했으며, 자식들은 그런 부모들에게 짜증을 내거나 심하면 눈물을 흘리기까지 했다.

예를 들어, 받아쓰기를 못하는 아이에게 어머니가 "왜 이렇게 간단한 문제도 못 푸는 거야?"라고 심하게 꾸중을 했다고 하자.

어머니는 자신의 아이가 공부를 열심히 해서 다른 집 아이에게 뒤처지지 않기를 바라는 마음에서 한 꾸중이었겠지만, 아이가 받아들이는 메시지는 전혀 다르다. 그것은 자신의 모자람에 대한 '질책'인 것이다. 이러한 질책을 받은 아이는 이렇게 간단한 문제도 못 푸는 자신을 스스로 판단한다.

"나는 정말 쓸모없는 부족한 사람인가 봐."

이런 생각은 자기 존재에 대한 '자긍심'을 떨어뜨릴 것이며, 문제 앞에서 두려움에 떨며 행동으로 옮기지 못하는 박약한 사람이 될 확률이 높다.

하지만 다음과 같은 말을 들은 어린이를 살펴보자.

"받아쓰기를 잘 하려면 어떻게 하면 될까? 받아쓰기 공부는 왜 중요할까?"

억압적이지 않고 부드럽게 긍정적인 질문을 한다면 아이는 호기심을 가질 것이고, 스스로 그 호기심을 해결하며 지식이 쌓일수록 '자긍심'이 높아질 것이다.

서울여대 아동학과 남 은영 교수는 "긍정적인 대화의 비율이 높게 나타날수록 아이들이 상대적으로 느끼는 행복감이 높고, 또한 오래도록 유지될 수 있으며 성장 과정에 있는 아이들에게 자기 긍정감, 즉 자존감을 높이려면 긍정적 칭찬이나 따뜻한 격려의 말을 많이 해주어야 한다."고 말한다.

가치관이 형성되는 청소년 시기에 부모님과의 대화는 매우 중요하다. 직접적인 감정을 최대한 배제하고 좀 더 바른 방향으로 나아갈 수 있는 방안을 함께 모색하는 것이 올바른 방법일 것이다.

하버드 대학 심리학과 로버트 로젠탈(Robert Rosenthal) 교수는 초 등학교 교장인 레오노레 야콥슨(Leonore Jacobson) 선생님과 함께 샌 프란시스코의 한 초등학교 학생들을 대상으로 실험을 진행하였다. 먼저 전교생의 지능지수 검사를 한 후, 그 결과와 관계없이 무작위로 20%를 선발하여 학생들을 지도할 선생님에게 다음과 같이 말했다.

"이 학생들은 지능지수가 매우 높은 학생들이니 학업성취 향상 가 능성이 높을 것입니다."

8개월 후, 그 학생들을 대상으로 다시 지능검사를 해보았더니, 실 험 전 지능지수보다 높게 나왔을 뿐만 아니라 학업성적 또한 크게 향 상되었다. 이 효과를 '로젠탈 효과'라고 한다.

하지만 로젠탈 효과는 역으로 작용하기도 한다. 연구자는 역작용 을 연구하기 위하여 선발된 학생들에 대해서, 그들을 지도할 선생님 에게 다음과 같이 말했다.

"이 학생들은 지능지수가 낮고, 학습능력이 매우 떨어지는 학생들 입니다. 그럼에도 불구하고 선생님이 열심히 가르쳐 주세요."

학생들에 대해 좋지 않은 선입견을 갖게 된 선생님은 무의식중에 학생들에게 부정적인 메시지를 보내게 된다. 그렇지만 아이들은 본능 적으로 선생님의 성의 없는 마음을 읽어낸다. 그래서 선생님의 눈길 을 피하게 되고 작은 지적에도 반항을 한다는 것이다.

청소년 시절의 경험은 일생 전반에 걸쳐 영향이 미친다. 주변 사람들로부터 칭찬도 듣고, 기대를 한 몸에 받아본 아이들은 성인이 되어 서도 자아 존중감이 높을 뿐만 아니라 언제나 주변으로부터 인정받고 있음을 자신하고 있다는 것이다. 그러나 이와는 반대로 그렇지 않은 아이들은 부정적이고 비판적으로 생각하며 자아 존중감이 낮다.

'로젠탈 실험'에서는 언급되지 않았지만, 나는 지능지수가 높다고 평가된 학생들과 그렇지 않은 학생들을 지도하는 선생님들의 '질문'은 달랐을 것이라고 생각한다. 선생님들의 기대감의 차이가 실제로 그 학생들의 차이점을 만들어냈을 것이다. 즉, 누군가에 대한 기대감의 차이를 선생님은 자신도 모르게 질문의 차이로 나타냈을 확률이 높다.

'로젠탈 효과'는 비단 배움의 시기에 있는 청소년에게만 적용되는 것은 아니다. 성인 또한 자신을 누군가가 믿어주거나 존중해주면 자신의 능력 이상을 발휘하는 경우를 종종 볼 수 있다. 강요에 의한 행동은 단기적으로는 성과를 낼 수는 있겠지만 장기적이고 지속적인 창의적 성과를 창출해 낼 수 없는 것이다. 결국 스스로 일의 능률에 대한 동기유발을 유지시키려면 긍정적인 질문은 필수적인 요소다.

사람의 뇌는 질문에 따라 큰 영향을 받는다. 부정적인 질문을 하게 되면 뇌는 부정적인 답변을 도출해 낼 것이지만, 반대로 긍정적인 질문을 하면 본능적으로 긍정적인 답변을 도출해 내려고 노력한다. 긍정적인 질문이 곧 긍정적인 생각을 유발하고 긍정적인 인생을 만든다는 것을 명심하자.

요점을 쉽게 파악할 수 있다
(point)

사자성어 '부득요령(不得要領)'의 뜻은, 어떤 상황을 말이나 글로 표현할 때 목적과 줄거리가 뚜렷하지 않아서 무엇을 표현하려는지 요점을 파악하지 못하였다는 말이다.

상대방에게 좋은 질문을 하기 위해서는 상대방이 말하고자 하는 뜻을 잘 이해해야 하고 또한 표정, 몸짓 등을 잘 살펴야 한다. 대화를 나누며 상대의 제스처, 말투의 높낮이가 어떻게 변화하는지를 살핀다면, 상대의 감정 상태 또는 현재 처한 상대방의 입장 등을 파악할 수 있다. '이 사람은 지금 이러한 상황이구나'를 파악한 후 어떤 질문을 해야 할지를 결정해야 한다. 우리는 보통 상대방이 원하는 것을 스스로 알아서 하거나, 말하는 핵심적인 요점을 분명하게 알아차리는 사람에게 '센스'가 있다고 평가한다. 예전의 나의 '센스'를 점수로 매긴다면, 낙제 수준이었다.

"야, 넌 눈치가 왜 이렇게 없냐?"

친구들에게 이런 핀잔을 들을 때마다 나는 다음과 같이 항변했다.

"야, 저 사람이 무슨 말을 하는지 모르겠는데, 나한테 왜 그래?"

내가 주위 사람들에게 눈치가 없다느니, 대화의 주제를 잘 파악하지 못한다느니 하는 말을 자주 들은 이유를 지금 와서 돌이켜보니, 상대방의 말을 잘 이해하지 못하면서도 다시 묻지 않고 상대방의 말을 무심코 의미 없이 흘려버렸던 것이다. 다시 말해서 이해하지 못한 말이나 상황에 대해 적절한 질문을 하지 않았던 것이다.

'저 사람이 저렇게 말하는 의도가 뭘까?'

'이 작업을 어떻게 하면 좀 더 효율적으로 할 수 있을까?'

이와 같이 상대방의 의도를 파악하고 좀 더 효율적으로 접근을 하려고 노력하지 않고 상대방이 말하는 것에 대하여 깊은 생각 없이 행동하다보니 시간을 많이 투자하더라도 만족하는 결과를 기대하는 것이 어려웠던 것이다. 일의 결과에 대해 핀잔을 들은 후에도,

"나는 머리가 왜 이렇게 안 좋지?"

"왜 그 생각을 못했지?"

자신이 한 행동을 돌아보며 결과에 대하여 자신에게 부정적인 질문만 했을 뿐, '어떻게 하면 상대방의 말과 일에 대한 분명한 의미를 바르게 파악할 수 있을까?'하는 생산적인 질문은 하지 않았던 것이다. 나

의 이러한 고민을 안타까워한 친구의 추천으로 독서를 하게 되었고 독서를 통해 나를 돌아볼 수 있게 되었으며, 센스가 없다는 말을 자주 듣던 내가 센스가 있다는 말을 듣는 사람으로 변화할 수 있었다. 나는 소설을 읽으면서는 등장인물들의 대화 속에 숨겨진 의도를 파악하려고 노력했다.

'왜 이 사람은 이 상황에서 저렇게 얘기하는 걸까?'

'혹시 이 말은 결말을 암시하는 복선일까?'

스스로 이렇게 질문을 하며 책을 읽으니 독서가 훨씬 더 재미있고 내용을 이해하기가 쉬웠다. 이러한 방법으로 책을 백여 권 정도 읽었을 때, 나에게는 스스로 터득한 '독서 질문법' 습관이 생겼다.

'작가가 이 책을 쓴 의도는 무엇일까?'

'이 책의 주인공이 만약 나라면 어떻게 할 것인가?'

'이 책을 한 문장으로 요약한다면 어떻게 정의할 수 있을 것인가?'

'내가 이 책을 끝까지 읽는 이유는 무엇인가?'

'책에서 가장 인상 깊은 문장은 무슨 내용이었으며, 그 문장이 왜 인상 깊었는가?'

이러한 독서습관이 생기다보니, 자연스럽게 사람들을 대할 때도 스스로에게 질문을 던지는 습관이 생겼다. 그러다보니 언제부터인가 다른 사람들에게 "요점을 잘 파악 한다"느니, "눈치가 빠르다", '센스가 있다"라는 소리를 자주 듣는 사람이 되었다. 스스로에게 질문을 하는 습관을 가진 후, 이성 관계에도 많은 발전이 있었다.

〈화성에서 온 남자, 금성에서 온 여자〉라는 책의 내용에도 있듯 남성과 여성은 본능적으로 생각하는 사고회로가 다르다. 예전의 나는 연애를 할 때도 무리하게 시간을 내어 여자 친구를 만나기보다는 내일에 방해가 되지 않는 선에서 만나는 타입이었다. 그래서 항상 여자 친구에게 "일이야, 나야?"라는 매우 답하기 곤란한 질문을 받으면, "무슨 말을 그렇게 해, 당연히 너지."라며 난감한 상황을 타개하는데 급급했고 매번 그런 문제를 발생하는 나에게 여자 친구는 서운한 감정을 느낄 수밖에 없었다. 하지만 스스로에게 질문을 던지는 습관이 생긴 후에는, "일이냐, 나야?"라는 여자 친구의 질문에 "그런 말을 또 하게 해서 미안해."라는 대답을 한 후, 진솔한 내 감정을 여자 친구에게 충분히 설명했다.

"그 동안 혼자 속 많이 상했지? 정말 미안해. 나는 하고자 하는 게 있으면 그것만 보는 성향이라서 나름대로는 노력한다고 했는데도 불구하고 아직 많이 부족해. 그런 나를 이해해주고 함께 해줘서 고마워. 앞으로는 너한테 그런 말이 나오지 않도록 더 신경 쓰고 노력할게."

진심으로 내 사정을 말하자, 여자 친구는 사랑스런 눈빛으로 나를 보며 말했다.

"아니야, 나는 민창씨가 내 마음을 몰라주는 것 같아서 그랬던 거야. 남자가 할 일이 우선이지."

여자 친구는 속으로 생각했을 것이다. '이 남자가 단순히 곤란한 상황을 타개하기 위해 미안하다고 변명하는 것이 아니라 충분히 내

마음을 헤아리고 있었구나.'

여자 친구가 나에게 한 질문의 요점은 미안하다는 소리를 듣는 게 아니라 이렇게까지 된 상황에 대한 섭섭함과 진솔한 해결책을 듣고 싶다는 것이었고, 여자 친구의 마음속 의중을 스스로의 질문으로 파악했던 나는 이전보다 지혜롭게 여자 친구와의 사랑에 현명한 대처를 할 수 있었다.

얼마 전, 독서에 관련된 사업을 하는 대표님을 만난 일이 있다. 그동안 전화만으로 연락하다가 직접 대면을 했을 때 대표님은, 자신의 생각보다 내가 어려 보여서인지는 몰라도 훈계하는 말투와 자기자랑을 많이 하였다.

"이 사람 알지? 내가 이 사람이 운영하는 사업체에도 책을 3000여 권 기증했지."

"이 사람은 00회사 대표인데, 나와는 아주 막역한 사이지."

예전의 나 같으면 그에게 위화감을 느끼고 그 자리를 박차고 나갔거나 불쾌한 표정을 지으며 '저 사람은 언제까지 자기 자랑만 늘어놓을까?'라는 생각을 했겠지만, '이 분이 나에게 이런 얘기를 하는 이유가 뭘까?'라는 자문을 했다. 그 결과, 대표님에게는 권위와 명예에 대한 자격지심이 있다는 것을 파악할 수 있었다. 대표님은 중소기업에서 오랫동안 근무하다가 우연한 기회에 독서관련 사업을 시작했고 많은 고생을 한 끝에, 사업을 성공적으로 정착시켰던 것이다. 직장생활을 하며 받았던 스트레스, 나이에 비해 변변찮은 직위로 인한 자격지심이 있었을 것이다. 그래서 "00대표와 자주 연락 한다" "00회사에 내가 큰 도움을 줬다"며 자신의 사회적 위치와 성공한 사업가들과의 관계를 끊임없이 드러내고 싶어 한다는 생각을 했다. 그렇게 생각하다 보니 대표님에게 연민도 느껴지고 공감되는 부분도 있었다. 그래서 대표님의 말에 자주 호응해주고, 그 분의 입장을 고려한 질문들을 하니 어느 순간, 대표님은 겸손한 사람이 되어 있었고 나의 질문에 성심성의껏 대답해주었다.

주위 사람들과 원만히 잘 지내지 못하거나 상대방의 자기 과시 또는 불편한 언행으로 마음이 상하였다면, 스스로에게 다음과 같은 질문은 효과적이다.

"저 사람은 왜 저런 행동을 하는 걸까?"

사회생활을 하다보면 거북한 상대와 함께 있는 자리가 불편하고 빨리 그 자리를 피하려고 하는 것은, 상대방과는 공감할 수 없다는 생각이 자신을 지배하기 때문이다. 그러나 공감하지 못하기에 상대와의 자리를 함께하지 못하겠다고 단정 짓는 것은 매우 위험한 생각이다. 이 세상에는 똑같은 사람은 없다. 그 만큼 다양한 성격의 사람이 존재한다. 나와 공감하는 부분이 다르다는 이유만으로 만남을 지속하지 못한다면 무슨 방법으로 이 세상을 살아갈 수 있겠는가.

자신의 생각과 뜻이 맞는, 공감할 수 있는 사람만 이해하고 다른 사람은 배척한다면 우리의 삶은 매우 불편하고 결국에는 불행할 것이다. 누군가 공감하기 힘든 사람이 있다면 그 사람을 이해할 수 있는 마음을 갖기 위해 스스로 자문해보자. 스스로 자문하는 습관이 배이면 누구를 만나더라도 그 사람의 행동을 이해할 수 있을 것이고 상대방과 원활한 소통을 이어갈 수 있을 것이다.

편안한 관계를 유지할 수 있다
(peaceful)

나에게는 직장 내에 존경하는 분이 있다. 그 분의 실명을 밝히기보다는 A라고 지칭하자. A는 나보다 10여 년 먼저 직장생활을 시작했다. 일반적으로 어느 정도 지위에 오른 사람들은 대개 권위적인 면이 있는데 비해 A는 편한 형님 같은 느낌이 든다. 생각해보니 그 분도 좋은 질문을 하는 습관이 있는 듯하다. A는 긴급을 요하는 작업이 있거나 처리할 문서가 있을 때, 명령조의 말로 지시할 법도 한데, "민창아, 이 서류 좀 급한데 해줄 수 있겠어?"라고 하거나, "민창아, 이 서류 같이 좀 할까?"라고 부드러운 권유 형의 질문을 한다. 사실 일방적인 지시나 권유 형의 말이라도, 결국은 내가 해야 하는 일이지만 받아들이는 느낌은 다르다. 일방적인 명령조의 질문을 받았을 때는 압박도 받고 스트레스를 받지만, 권유 형의 부드러운 질문을 받았을 때는 거부감이 없이 마음이 편하고 기분 좋게 긍정적인 마음으로 일하니 오히려 원활하게 일처리를 할 수 있다.

나는 일의 특성상 상대방의 고민거리를 많이 듣는다. 하지만 정작 내 고민거리를 상대방에게 가능하면 표현하지 않는다. 그러나 A 앞에서는 편하다는 느낌이 있어서인지 사소한 일이라도 허심탄회하게 말하게 된다. A 역시 내가 표정이 안 좋거나 고민하는 모습을 보면, 아무도 모르게 조용히 다가와서 "커피 한 잔 할까?"라고 물은 후 장소를 옮겨 자리에 앉으면 "무슨 문제 있어?" 라며 부드럽게 묻는다. 나는 A에게 내 고민을 이야기하다보면 스트레스가 풀리고 고민거리가 어느 정도 해결되는 느낌을 받는다. A는 나의 말을 잘 들은 후 진솔한 격려와 함께 다음과 같은 질문을 한다.

"너의 입장도 이해하지만 그래도 네가 넓은 마음으로 한 번 더 생각해봐. 나는 네가 양보하는 것이 좋을 것 같은데, 네 생각은 어때?"

이처럼 상대방의 의도를 잘 파악하고 상황에 맞는 키워드를 제시하는 것도 좋은 질문이지만 상대를 배려하는 마음이 느껴지는 질문도 좋은 질문이라고 할 수 있다. 사람은 배려심이 깃든 질문을 받았을 때 '아, 이 사람은 나를 정말 생각해 주는구나.'라고 느낀다. 질문 속에 마음이 담겨있는 것이다. 그러면 나는 좁은 마음 때문에 상대방에게 가졌던 불신의 벽을 허물고 나 자신을 돌아보게 된다.

예전의 나는, 상대방에게 하나를 주면 반드시 그에 상응하는 하나를 받아내려고 했었다. 그렇다보니 인간관계가 부자연스러웠고 "계산적이다", "부담스럽다"라는 말을 많이 들었다. 하지만 내가 옳다고 생각한 것에 대한 굽히지 않는 고집은 고쳐지지 않았고 누군가 나의 결점을 지적한다는 사실에 분개했다.

어느 날, 우연히 함께 길을 걷고 있던 친구가 나에게 물었다.

"민창아, 넌 꽃을 보면 예쁘다는 생각이 들지 않니?"

"그렇지, 꽃을 보면 누구나 예쁘다는 생각을 하지."

그러자 그 친구가 웃으며 말했다.

"응, 그렇지. 사람은 꽃을 보며 예쁘다는 생각을 하지. 그런데 말이야, 꽃도 너를 보고 예쁘다고 해주길 바래?"

난 웃으며 말했다.

"그게 무슨 말도 안 되는 소리야. 누구나 꽃을 보면 예쁘다는 생각을 하는 것 아니야? 꽃은 그냥 예쁜 거지. 뭐, 꽃이 나를 예쁘게 보든 말든 상관안하지."

내 말에 친구는 나를 쳐다보며 말했다.

"민창아, 내 생각에는 인간관계도 이 꽃과 비슷한 거 같아. 우리가 누군가를 만났을 때, 그 사람에게 좋은 호감을 갖는다고 해도 그 사람 역시 나에게 똑같이 호감을 느끼고 나를 좋아해 준다는 보장은 없지. 그런데 사람들은 내가 해준 만큼 상대방도 나에게 해주길 바라는 것 같아. 그건 이기적인 욕심이 아닐까, 어떻게 생각해?"

친구의 질문을 듣고 난 깨달을 수 있었다. 친구는 오랫동안 내 행동을 지켜보았을 것이다. 하지만 조심스럽게 비유를 들어서 나 스스로 깨닫게 한 것이다. 그 후부터 누군가를 만날 때 그런 부분을 많이 조심하게 됐다. 그 친구와는 지금도 매우 원만한 관계를 유지하고 있으며 서로 고민이 있을 때 망설임 없이 조언을 구할 수 있을 정도로 막역한 친구다.

실수를 저지른 사람에게 자신도 모르게 "왜 그랬어?"라고 말할 때가 있는데 이렇게 물으면 돌아오는 것은 변명이나 상대방의 풀죽은 표정이다. 상대의 입장을 배려하는 마음 없이 상대방이 자신을 변호할 퇴로를 막는 질문이기 때문이다.

질문하는 능력을 키우기 위한 방법 중에 '변명하기'라는 게임이 있다. 변명하기게임을 하다 보면 어떻게 질문을 던져야 상대방에게 부담을 주지 않고 원만한 관계를 유지하면서 문제를 해결할 수 있는지를 알 수 있다.

게임의 방법은 두 명이 한 조를 맺어 질문자와 답변자를 정하고, 변명하기 좋은 상황을 설정한다. 예를 들면 '9시까지 회사에 출근해야 하는데 9시 반에 출근해서 지각을 했다'는 상황을 설정한 후, 질문자는 답변자에게 "왜 늦었어?"라고 묻는다. 답변자는 1분 동안 회사에 지각한 이유를 자유롭게 설명할 수 있다. 일반적으로 자주하는 변명이 "차가 막혀서"라고 하거나 "감기가 심해서…" 등 여러 가지 지각한 이유를 변명을 할 것이다.

다음은 상황은 같지만, "왜"라는 질문을 "어떻게"로 바꿔서 다시 묻는다.

"오늘 출근시간이 좀 늦었네. 어떻게 하면 다음번에 지각을 안 할 수 있을까?"라고 묻는다.

같은 상황이라도 질문이 바뀌면 지각해결에 도움이 되는 생각과 진심어린 사과를 할 가능성이 훨씬 높아진다.

게임이 끝나고 각자의 소감을 들어보면, 전자의 질문을 받은 답변자는 "창피했다", "상황이 너무 가혹했다", "부끄러웠다"라고 한 반면, 후자의 질문을 받은 답변자는 "스스로 잘못한 걸 알고 있는데 그 부분에 대해서 직접적으로 언급을 안 해줘서 조금은 편하고 솔직하게 지각한 이유에 대해 말할 수 있었다. 훨씬 더 편안했다"라고 말했다.

사람은 스스로 생각하고 판단할 때 적극적으로 행동한다. 이와 같이 스스로 문제를 되짚고 생각하게 해 주는 질문은 상대방과의 원만한 관계를 유지하는데 도움이 된다.

3장

어떻게
생각할 것인가?

고정관념을 타파하라

나치 강제 수용소 아우슈비츠. 1940년에 나치가 설립한 강제 수용소로 대규모 가스실과 시체 처리 시설을 갖추고 유럽에 흩어져 있는 유대인들을, 1945년 소련군에 의해 진압되기까지 하루 약 3,000여 명의 사람을 독가스로 죽여서 화장을 했다. 나치 독일은 이러한 수용소를 동유럽 곳곳에 6곳 설립하였는데, 아우슈비츠 수용소는 폴란드에 만든 가장 큰 규모의 수용소로 약 130만의 사람이 구금되었으며 110여만 명이 희생되었다. 그 중 90%가 유대인이었다.

아우슈비츠에 강제 수용된 스타니슬라브스키 레히는 수용소에서 수많은 유대인들과 자신의 가족들이 죽음의 가스실로 끌려가는 것을 목격했다. 탈출을 시도하는 유대인도 있었지만 그들은 모두 총살되었고, 남아있는 유대인들은 무기력하게 자신의 죽음을 기다리고 있었다. 하지만 레히는 이대로 죽을 수 없다고 생각했다. 그는 함께 수용되어 있는 유대인들에게 물었다.

"어떻게 하면 우리가 이 끔찍한 곳을 탈출할 수 있을까?"

하지만 그들의 대답은 절망적이었다.

"소용없는 일이야. 여기서 탈출할 수 있는 길은 없어, 탈출에 실패해서 모두 총살된 거 보면 몰라? 우리에게 희망은 없어."

그러나 레히는 이런 끔찍한 현실을 도저히 받아들일 수 없었다. 그는 자신에게 끊임없이 질문을 했다.

"어떻게 하면 이 곳에서 탈출할 수 있을까?"

질문에 대한 해답은 생각하지 못했던 방법으로 찾아왔다. 그가 일하는 작업장에서 얼마 떨어지지 않은 가스실에서 죽임을 당한 수많은 시체들이 트럭으로 던져지고 있는 광경이 눈에 들어왔던 것이다. 사람들은 그 광경을 보며 절망하며 말했다.

"나치는 어떻게 저토록 잔인할 수 있을까?"

"나는 언제 저 가스실로 끌려갈까?"라며 절규했지만, 레히는 그 광경에서 문득 떠오르는 생각이 있었다. 그는 한 순간도 그 생각을 놓칠 수 없었다. 그리고 그 곳을 향한 시선을 뗄 수가 없었다. 드디어 레히는 자신의 계획을 실행으로 옮겼다. 하루 일과가 끝나고 작업자들이 막사로 돌아갈 때 감시가 소홀한 틈을 포착하여 그는 재빨리 트럭으로 올라가서 입고 있던 옷을 모두 벗어던지고 시체 속으로 몸을 숨겼다. 그는 시체들과 한 덩어리가 되어 꼼짝하지 않고 있었다. 시체 썩는 고약한 냄새가 코를 찔렀고 차갑게 굳은 시체들이 레히의 몸을 덮고 있었다. 그는 두근거리는 가슴을 달래며 트럭이 출발하기만을 기다렸다. 이윽고 트럭의 시동 소리가 들렸다. 트럭이 덜컹거리며 움직이는 것이 느껴졌고 그는 희망이 솟구쳐 오르는 것을 느꼈다. 마침내 트럭이 멈추고 수용소 담장밖에 위치한 엄청난 크기의 구덩이 안으로 시체들과 함께 쏟아져 내렸다. 레히는 밤이 될 때까지 움직이지 않고 기다렸다. 그리고 주위에 인기척이 없는 것을 확인한 후, 시체더미 속에서 빠져나와 알몸으로 40킬로미터를 달린 끝에 나치의 만행이 없는 자유의 땅에서 비치는 불빛을 볼 수 있었다.

스타니슬라브스키 레히와 다른 포로들은 어떤 차이점이 있었을까?

레히는 남들과 다르게 생각하고 스스로 질문을 했다는 것이다. 그는 탈출하기 위한 해답을 얻기 위해 끊임없이 생각했으며 결국 그것을 머릿속에 떠올리고 실행했던 것이다. 스스로 질문을 하고 해답을 얻고 결단을 내리고 실행하기까지 그는 자신에게 끊임없이 "어떻게 하면 이 곳에서 탈출할 수 있을까?" 질문을 던졌던 것이다.

우리나라 성인 중 정신질환 경험을 가진 사람들이 470여만 명이라고 한다. 다시 말하면, 4명 중 1명은 일생동안 한 번 정도 정신질환을 겪는 셈이다. 하지만 그토록 많은 사람들 중 전문의에게 자신의 병에 대하여 상담한 경험이 있는 사람은 10명 중 1명이라고 한다. 즉 자신이 정신질환의 문제가 있다고 하더라도 9명은 '멀쩡한 척' 사회생활을 영위하고 있다는 것이다. 사람들이 심리상담 진료에 대해 거부감을 느끼는 일반적인 이유 3가지만 꼽자면 정신질환에 대한 부정적인 이미지, 부담스러운 대면 상담 그리고 비싼 상담가격이다.

"사람들은 왜 심리상담 진료 받기를 힘들어하는 것일까?"

"누구나 가격부담 없이 편하게 상담을 받도록 할 방법은 없을까?"

이 사실에 주목하는 사람이 있었다. 그가 국내 최초로 심리상담 앱 사이트를 개설한 김동현 대표다. 그는 사람들이 심리상담을 힘들어하는 이유를 분석했고 많은 이유 중에서 위에 기술한 3가지 이유를 도출해 냈다. 그는 이러한 거부감이 대중화의 장애물이라고 결론을 짓고, 온라인 모바일 상담 플랫폼 〈트로스트〉를 개설했다.

'트로스트 앱'의 사용방법은 간단하다. 앱을 실행하면 고민유형, 성별, 연령, 직업, 성격 등을 기입한 후, 자신의 기본적인 신상정보를 기입하면 전문 상담의사 명단이 나오고 자신이 선택한 상담의사의 경력, 상담 스타일, 상담 분야 등의 정보를 확인할 수 있다. 이후 상담 스케줄을 선택하고 원하는 시간에 전화 혹은 메시지로 상담을 받을 수 있다. 전화나 메시지로 상담을 진행하다보니 시간과 공간의 제약이 없기 때문에 유학생, 교포 등 해외거주자들도 많이 이용한다고 한다.

김동현 대표는 심리상담 진료에 부담을 갖고 있는 사람들이 정신병원을 찾지 않고도 "부담 없이 상담을 받는 방법은 없을까?"라는 질문을 스스로에게 물었고 그에 대한 결과를 도출해 내었으며, 실행방법으로 전국의 많은 정신과 의사들을 섭외하여 정신질환에 관한 온라인 심리상담 중개회사를 설립할 수 있었다.

1988년 미국의 어느 마을에서 두 눈이 없는 사내아이가 태어났다. 설상가상으로 아이는 점차 다리마저 심하게 굳어져서 걸을 수조차 없게 되었다. 아이의 부모는 세상이 무너지는 절망감에 절규했다.

"왜 하필이면 내 아이가 이런 장애를 가지고 태어난 걸까?"

"이 아이가 제대로 된 삶을 살 수 있을까?"

온갖 부정적인 생각들이 머릿속에 가득했지만 현실은 비관하고 있는 것만으로는, 조금도 바뀌지 않는다는 것을 깨달았다. 그래서 언제까지나 실의에 빠져 있을 수만은 없다고 생각한 부모는 생각의 방향을 바꿔야겠다고 결심한다.

"비록 내 아이가 장애가 있을지라도 할 수 있는 일이 있을 것이다. 그것이 무엇일까?"

"우리 아이도 잘 키우면 헬렌 켈러처럼 될 수 있지 않을까?"

부모는 아이가 남들처럼 걷거나 세상을 볼 수는 없을지라도 아이가 할 수 있는 일을 찾기 시작했다. 그리고 아이에게 그것을 가르치기 시작했다. 유년시절 아들이 피아노에 재능이 있다는 것을 발견한 부모는 아이의 재능이 성장할 수 있도록 부모로서 최선을 다했다. 아이는 부모의 포기하지 않은 열정 덕분으로 자신의 인생을 비관하지 않으면서 스스로 장애를 극복해 나갈 수 있는 청년으로 성장했다. 대학에 진학해서는 고적대에 들어가 200명의 단원과 함께 휠체어를 타고 행진하며 트럼펫 주자로 활약하기도 했다.

책으로도 발간된 〈기적의 트럼펫 소년〉 패트릭 헨드 휴스'의 이야기다.

"이걸 어떻게 해? 안 돼."

우리는 부정적인 상황에서 "안 돼" "할 수 없어"라며 미리 두려움을 생각한다. '할 수 없다'는 생각을 하면 우리의 뇌는 안 되는 이유를 찾게 되고 결국 그것을 해결할 수 있는 방안은 나오지 않는다. 하지만 "어떻게 하면 이걸 해결할 수 있을까?"라고 질문하면 뇌는 그것을 해결할 방법을 찾게 되고 할 수 없다고 생각했던 문제들이 생각보다 쉽게 풀리기도 한다.

질문은 우리가 가지고 있던 고정관념을 타파하고 생각지도 못했던 해결책을 제시해준다.

SWOT 분석기법을 질문에 적용하자

SWOT 기법은 강점(Strength), 약점(Weakness), 기회(Opportunity), 위협(Threat)의 머리글자를 모아 만든 단어로 경영 전략을 수립하기 위한 분석 기법이다.

SWOT 분석기법의 목적은 경쟁기업과 비교하여 소비자로부터 강점과 약점으로 인식되는 것이 무엇인지 또한 기회요인과 위협요인은 무엇인지를 찾아내는 것이다. SWOT 분석기법의 가장 큰 장점은 기업의 내부 및 외부 환경의 변화를 동시에 파악할 수 있다는 것이다. 그렇다면 SWOT 분석기법이 반드시 기업 경영전략에만 필요한 것일까?

나의 지인 중에 A라는 친구가 있다. 내가 이 책의 집필을 기획한 시점인 2018년 10월, 그는 자신이 다니던 회사에서 퇴사했다. 그가 하는 일은 강연기획이었고 많은 사람들이 그의 퇴사를 만류했다. A는 회사 내에서 능력을 인정받고 있었으며 장래성도 있었다. 하지만 그는 자신의 일에 만족할 수 없었다. 그 이유는, 더 이상 배울 것이 차츰 없어진다는 것이었다. 입사한 후, 몇 년 동안은 자신이 무엇인가를 배운다는 사실에 보람도 있고 행복했지만, 지금은 정체되어있는 느낌을 지울 수가 없다고 한다.

나는 어느 날 A와 함께한 자리에서 그에게 물었다.

"너는 너의 강점이 뭐라고 생각하니?"

나의 물음에 골똘히 생각하던 A가 말했다.

"민창아, 사실 나는 돌다리도 두들겨보고 건너는 신중한 성격이라고 생각해. 다시 말하면 합리적이고 현실적이고 음…그래서 실패할 확률이 좀 낮다는 거, 이것이 내 장점이라고 생각해."

그의 말을 듣고 나는 그를 바라보며 말했다.

"맞아, 그래서 한 편으로는 너의 그런 신중함이 부럽기도 하지. 그 점은 내가 갖지 못한 너의 장점이야. 그럼 반대로 너의 단점은 뭘까?"

A는 웃으면서 내 어깨를 잡으며 말했다.

"실행력, 나의 단점은 실행력이라고 생각해. 나는 ABC 실천목록을 세워놓고도 시도조차 하지 못하는 경우가 많았지. 그래서 너의 일에 대한 추진력이 대단하다고 생각해. 너는 무슨 일을 하겠다고 말하고는 어느 날 보면 이미 그 일을 진행하고 있지. 그런 너를 볼 때 솔직히 부럽다는 생각을 했어."

나는 웃으며 말했다.

"그럼, 우리는 완전 정반대의 성향이면서도 지금까지 잘 지내왔다는 거네. 그렇다면 현실로 돌아와서 지금 상황을 이야기 해보자. 네가 직장을 그만 두었을 때 생기는 현실적인 위협과 지금까지 노력으로 인해 찾아올 기회 그리고 직장을 그만두지 않고, 계속 근무한다고 했을 때의 장, 단점에 대하여 말할 수 있겠어?"

A는 잠시 생각하더니 노트를 꺼내서 메모하기 시작했다. 그리고 노트에 '돈'이라고 쓰고, 돈이라는 글자에 동그라미를 그리며 말했다.

"민창아, 내가 직장을 그만 뒀을 때 발생되는 위협은 아마도 경제적인 면, 즉 돈이겠지. 안정적으로 들어오던 월급이 들어오지 않았을 때, 나 역시 생각해도 불안해질 것 같아. 반면 내가 생각하는 기회라면…"

그는 노트에 '시간'이라고 쓰고는 시간이라는 글자에 동그라미를 그리며 말했다.

"시간이겠지. 흔한 말로 시간은 금이라고 하잖아."

A는 다시 노트에 '프리랜서'라는 단어와 자유, 미래라는 단어를 노트에 적으며 말했다.

"지금은 회사에 속해서 회사가 원하는 일을 하고 그에 대한 대가로 월급을 받고 있지만, 사직한다면 내가 일한 만큼의 성과를 대가로 지급받는 프리랜서로 일할 수 있다는 것이 장점일 것 같아. 왜냐하면 지금까지 회사에서 일하면서 MC나 레크레이션 강사로서의 역량을 나름대로 키워왔다고 생각하기 때문에 퇴사를 한다고 해도 지금까지 관계를 맺었던 교육기관이나 학교 그리고 나를 필요로 하는 거래처를 확보해볼 생각이야. 그들과 지속적으로 교류를 해서 수입을 창출하고 그리고 남는 시간은 나의 계발을 위해 사용할 수 있다는 것이 좋은 거같아. 온전히 나 자신의 미래를 위해서 일할 수 있는 거지."

나는 그의 말에 고개를 끄덕이며 다시 질문했다.

"그럼, 지금처럼 회사에 다니면서 규칙적으로 들어오는 안정적인 수입의 단절로 인해 발생하는 위협과 기회는 무엇이 있을까?"

A는 한참을 생각하다가 말했다.

"위협은 없어. 하지만 기회 또한 확신할 수 없다는 거지. 오로지 내가 그것들에 도전하고 극복하는 일이 남은 거겠지…, 민창아, 고마워. 이런 생각을 깊게 해본 적이 없어서 긴가민가했는데, 네 덕분에 다시 한 번 내 생각을 되짚어보는 계기가 됐어. 매번 퇴사하고 내 일을 직접 해보고 싶다는 생각만 했었지, 이 문제에 대해 세심하게 분석해보진 않았던 것 같아. 민창아, 퇴사를 결정하게 되면 연락할게."

A는 나와의 만남 후, 몇 주 후에 회사에 사직서를 냈다. A는 현재 그 동안 회사에서 일하며 좋은 관계를 유지하고 있던 교육기관과 학교 등에서 교육프로그램을 6개 정도 맡아서 진행하고 있으며 남는 시간에는 대학원 진학을 위해 공부를 하고 있다.

A는 지금의 생활에 만족하다고 한다. 회사에 계속 남아있었으면, 매번 자신의 미래에 대하여 갈등하면서 살았을 것이라고 말한다. 비록 회사에 근무할 때에 비해 수입은 고정적이지 않지만, 열심히 노력하는 만큼 발전할 수 있는 가능성이 있을 거라며 좋은 거래처를 확보하면 크게 한 턱 쏘겠다는 약속도 했다.

SWOT 분석에는 4가지 전략이 있다.

SO : 강점을 가지고 기회를 살리는 전략.

ST : 강점을 가지고 위협을 회피하거나 최소화하는 전략.

WO : 약점을 극복함으로써 기회를 활용하는 전략.

WT : 약점을 보완하면서 동시에 위협을 회피하거나 최소화하는 전략.

A 같은 경우에는 WO의 전략을 썼다고 볼 수 있다. 그의 약점은 실행력이었다. 분명 자신이 갖고 있는 능력과 하고 싶은 일이 명확함에도 불구하고 퇴사를 결정하지 못하고 있었지만 자신의 약점을 간파하고 용기를 낸 선택을 한 것이다. 열심히 사는 것 같은데 의욕이 없거나 자신이 하는 일에 갈등을 겪고 있을 때, A와 같이 SWOT 질문기법을 적용해보자.

"나는 내가 가장 잘 알아. 근데 굳이 이런 걸 왜 해?"라고 말하는 사람들도 있겠지만,

'내 강점은 무엇일까?'

'내 약점은 무엇일까?'

'지금 나에게 주어진 기회는?'

'나에게 다가올 위협은?'

스스로에게 질문하며, 냉정하게 자신을 분석하다보면 지금의 상황을 극복할 수 있는 희망의 길이 보일 것이다.

질문이 운명을 결정한다

미국의 대통령 도널드 트럼프는 부동산 재벌이다. 그는 뉴욕 시내에도 빌딩 10여 채를 소유하고 있으며, 그 외에도 곳곳에 골프클럽을 비롯하여 빌딩을 소유하고 있다. 뿐만 아니라 호텔 등 그가 갖고 있는 개인재산이 약 100억 달러, 우리나라 화폐단위로 환산하면 약 11조 6천억 원에 달한다. 삼성그룹 이건희 회장의 재산이 약 13조라고 한다. 한 나라의 대통령이 세계적인 기업의 총수와 비등한 규모의 재산을 소유하고 있는 것이다. 트럼프 대통령은 그런 천문학적인 부를 어떻게 이룰 수 있었을까?

많은 이유가 있겠지만 그가 많은 부를 이룰 수 있었던 결정적 이유는, 1970년대 중반에 일어났다.

1960년대 말, 뉴욕 시는 지금의 화려한 도시이미지는 상상도 할 수 없을 정도로 누구나 꺼려하는 공포의 도시였다. 폭력이 난무하고 밤이 되면 적막이 흐르는 범죄의 도시였으며, 특히 1975년은 1,645건의 살인사건이 벌어지기도 했다. 또한 뉴욕 시민들은 늘어나는 공공 지출 부담에 힘들어 했으며 많은 시민들이 거의 파산 직전까지 내몰리는 위기의 시기였다. 뉴욕 시민들의 마음속은 공포로 가득했다.

'만약 뉴욕 시가 파산한다면?'

많은 사람들은 불안한 공포감에 시달렸지만, 트럼프는 스스로에게 다음과 같은 질문을 던졌다.

'많은 사람들이 이 도시에 절망하고 걱정하고 있을 때, 나는 어떻게 하면 이 위기를 기회로 활용할 수 있을까?'

그는 스스로 자문한 결과, 다른 사람이 생각지 못한 과감한 도전을 시도한다. 파산 직전의 코모도호텔을 인수했으며 호텔명도 '그랜드 하얏트'라는 이름으로 바꾸고 초현대식으로 재건축을 한다. 사람들은 무모한 투자라며 비웃었지만 트럼프에게는 이 투자로 인하여 자신의 인생을 완전하게 바꾸는 계기가 되었다.

그는 자신의 자서전에서도 밝혔듯이 투자를 결정하기 전에 항상 자신에게 질문을 던진다.

"부정적인 측면은 어떤 것이 있는가?"

"상상할 수 있는 최악의 사태는 무엇인가?"

"만약 그런 일이 일어난다면 어떻게 해결해야 할까?"

그리고 최악의 상황을 극복할 수 있다는 신념을 스스로에게 부여

한 후 최선을 다해 자신이 계획한 일들을 실행한다는 것이다.

그는 언제나 스스로의 질문을 통해 최선의 답이 도출됨을 확신할 수 있었다.

드럼프의 이야기에 이 책을 읽는 독자들께서 마음속으로 느끼는 감정들이 제각각 다를 것이다.

"트럼프는 원래 부자 집 자손이잖아. 그 사람은 태생이 금수저이니까, 그런 거지. 내가 어떻게 저런 사람과 비교해?"라는 질문을 하는 사람도 있을 것이고 반면, "트럼프는 스스로에게 그런 질문을 통해 기회를 창출했구나."라고 새삼 질문의 힘을 느낀 사람도 있을 것이다.

나는 이 책을 읽는 독자들에게 다음과 같은 질문을 스스로에게 해보기를 권한다.

"지금 나의 상황을 호전시킬 수 있는 발전적인 요소는 어떤 것이 있을까?"라고.

자신의 소망을 구체적으로 깊이 생각한 후 질문으로 표현하는 연습을 해보자. 그 질문은 우리를 행복으로 가는 길로 안내할 것이다.

삶이 무료하고 지루하다고 느낀다면 자신의 삶에 의미를 찾지 못했기 때문이다. 의미 있고 가치 있는 삶을 맞이하기 위해서는 꾸준히 자기 자신에게 좋은 질문을 던져야 한다.

최근에 만난 친구 중에 헬스트레이너를 하는 친구가 있다. 군살이 없는 완벽한 몸매의 그 친구에게 나는 농담으로 말했다.

"넌 태어날 때부터 몸이 좋았을 것 같아."

내 말에 친구는 웃으며 자신의 스마트 폰에 저장되어 있던 사진을 나에게 보여주었다.

"민창아, 이 사진이 고등학교 때의 내 모습이야."

사진 속에는 고도비만의 학생이 있었다. 나는 놀란 눈으로 그를 보며 말했다.

"이게 너라고?"

나는 사진과 친구를 번갈아 보며 말했다.

"와, 독한 놈, 너 이 많은 비계 덩어리들 어디다 뒀냐?" 그러자 그 친구는 말했다.

"간단해, 다이어트에 대한 생각을 바꿨을 뿐이야. 나는 고등학교 때까지 심각한 고도비만이었어. 부모님도 또 친구들도 항상 다이어트를 하라고 권했지. 내 문젠데 나라고 별 짓 안 해봤겠냐. 이것저것 시도해봤는데 다 허사였어. 뚱뚱하다고 손가락질 받는 것보다 주체할 수 없는 식성을 참을 수가 없었거든. 그러던 어느 날, 서울 시청 근방을 걸어가다가 피트니스 대회를 준비하는 사람들을 우연히 보게 된 거야, 너무 멋있더라고. 그리고 뒤뚱거리는 내 모습이 너무나 부끄러운 거야. 창피해서 그 자리에 서 있을 수가 없더라고. 그때부터 내가 피트니스 대회에 나가서 입상하는 모습을 상상했어. 그리고 무작정 헬스장을 찾았지. 그리고 트레이너한테 다짜고짜 "피트니스 대회에 나가려면 어떻게 해야 하느냐?"고 물었어. 그랬더니 트레이너가 웃으며 말하더라. "일단 다이어트부터 해야 될 거 같은데요." 그래서 트레이너에게 말했지. "열심히 운동할 테니 해병대훈련 못지않게 심하게 굴려달라고 말이야. 그 날부터 열심히 운동을 했어."

나는 친구를 바라보며 웃으며 말했다.

"너도 참 막무가내다. 하지만 너, 참 대단하다. 보통 시험공부도 첫날은 의지가 충만해서 잘 되는데 시간이 지나면 안 되듯 운동도 웬만한 결심이 아니면 도로아미타불이 될 확률이 높잖아. 그건 어떻게 극복한 거야?"

"응, 일단 '어떻게 하면 빠른 시간 내에 피트니스 대회에 나갈 수 있을까?'라는 목표를 갖고 운동을 했지. 그리고 학생이니까 공부할 시간도 필요하기 때문에 '헬스장에 가지 않을 때도 운동할 수 있는 방법이 뭘까?'를 생각했지. 그래서 이런저런 정보를 알게 되고 특히 적절한 식단이 중요하다는 것도 알게 되었지. 내 나름대로 수집한 정보에 따라 노력하니 자연히 좋은 식습관을 갖게 됐어. 무엇인가 막 먹고 싶다는 생각이 들면, '이걸 다 먹으면 난 어떤 모습이 될까?'라는 질문을 나에게 했었어. 다시 살이 찐 볼품없는 내 모습, 상상만 해도 끔찍하더라고. 정말 다시는 예전의 모습으로 돌아가고 싶진 않았거든. 그렇게 스스로에게 질문을 하며 정말 열심히 운동하고 식단을 조절하다보니 몸이 좋아지더라. 그 해 피트니스 대회에 나가진 못했지만 말이야. 운동을 하다 보니 운동이 사람에게 너무 유용한 것이라는 것을 알게 되었지. 그렇게 운동이 습관이 돼서 지금은 트레이너를 하고 있지 뭐냐."

친구는 담담하게 말했지만, 친구의 절실한 노력을 상상할 수 있었다.

"내가 과연 할 수 있을까?", "그것이 가능한 일일까?" 등과 같은 질문은 삶을 무기력하게 한다. 반면 "이 상황을 타개하려면 어떻게 해야 할까?", "내가 살아남기 위해 해야 할 가장 중요한 것은 무엇일까?" 등과 같은 질문은 우리 삶에 동기부여를 심어 주고 목적의식을 고취시켜 준다.

인생을 변화시키고 싶은가?

그렇다면 습관적으로 하는 부정적인 질문부터 긍정적으로 바꾸자. 질문이 바른 길의 방향을 가리키는 것을 보게 될 것이다.

준비된 질문은 행운을 가져 온다

2018년 봄, 인스타그램을 통해 방송사에서 연락이 왔다. 연애프로그램이었는데 방송출연을 원하는 사람이, 방송에 출연하기 위해서는 사전에 방송국을 방문하여 직접 작가들과 미팅을 한 후에 출연여부를 결정해야하는데, 나에게 참석할 의사가 있느냐는 것이었다. 나는 방송에 출연한다는 일이 누구나 흔히 할 수 없는 경험이라는 생각에 흔쾌히 참가의사를 전달했고 사전미팅을 위해 떨리는 마음으로 방송국을 방문했다. 담당 작가에게 전화를 하니 방송국 로비로 마중을 나왔다. 안내에 따라 미팅장소에 도착하니, 여러 명의 작가들이 있었고 그들이 안내해 주는 대로 작가들과 마주보는 자리에 앉았다. 너무 긴장되고 당황스러웠다. 그 중 한 작가가 처음으로 나에게 질문을 했다.

"우리 프로그램 본 적이 있나요?"

사실 나는 이 프로그램을 보지 못했다.

"시청한 적은 없지만, 그저 호기심이 발동해서 사전미팅에 응했습니다."

작가들은 조금 실망한 제스처를 취했고 또 질문했다.

"그럼 우리 프로그램에 왜 나오고 싶은 건가요?"

나는 조금 무뚝뚝한 질문에 건조하게 대답했다.

"현재 여자 친구가 없고, 솔직히 연애도 하고 싶어서 그렇습니다."

내 답변에 작가는 내 프로필을 다시 한 번 검토한 후 말했다.

"아직 젊은 나이에 책도 발간하고, 강연도 하고, 조금은 특별하게 사는 것 같네요. 그런데 우리 프로그램은 사실 전쟁터에요. 짧은 시간에 상대의 마음을 얻기 위해 최선을 다해야 해요. 자신 있어요?"

나는 당황해하며 말했다.

"처음 보는 상대를 알아가는 과정이 흥미로운 경험이 될 것 같습니다."

작가는 다시 질문했다.

"만약 민창 씨가 상대방이 마음에 드는데 상대방은 다른 사람에게 호감을 느끼면 어떻게 할 거죠? 마음에 드는 상대의 마음을 얻기 위해 어떤 최선을 다할 건가요?"

작가의 질문을 들으며 약간 혼란스러웠다. 나는 잠시 생각한 후 말했다.

"제가 상대방이 마음에 들어도 상대방이 저를 마음에 들어 하지 않는다면, 그것은 어쩔 수 없을 것 같습니다."

내 답변에 또 작가의 질문이 이어졌다.

"우리는 불같은 열정적인 사람을 원하는데, 민창 씨는 가슴이 터질 것 같은 사랑을 해봤나요?"

내가 반문했다.

"가슴 터질 것 같은 사랑이 어떤 거죠?"

내 대답이 우스웠는지 작가는 웃으며 말했다.

"그런 거 있잖아요. 밥도 못 먹고, 잠도 못 자고, 못 보면 죽을 거 같고, 미칠 거 같은 거."

나는 고개를 저으며 말했다.

"사실, 저는 연애를 해보았지만 그런 적은 없었습니다."

작가는 가볍게 고개를 저으며 말했다.

"그런 사랑을 해보지 않으셨다면 저희가 생각했을 땐, 조금 아쉬운 거 같네요. 민창 씨도 간절해 보이지 않아 보이구요. 혹시나 마음이 바뀐다면 또 연락주세요."

작가들과의 미팅을 끝내고 밖으로 나오니 온 몸이 흠뻑 젖어있었다. 그만큼 긴장을 하기도 했지만 솔직히 기분은 좋지 않았다. 그들의 질문들이 대부분 공격적이었기 때문이다. 처음에는 방송에 출연하고 싶었고 그래서 인연이 되어 연애도 하면 재밌겠다는 생각을 했었는데 미팅 후에는 그런 마음이 싹 사라졌다.

한 달 후, 인스타그램을 통해 다시 메시지가 왔다. tvN에서 방송하는 연애프로그램이었다. 한 번의 경험이 있어서인지 이전처럼 망신을 당하면 어쩌나하는 걱정도 있었지만 이번에는 프로그램에 대한 정보를 좀 알고 가야겠다는 생각이 들었다. 컴퓨터로 검색을 해보았고, tvN 홈페이지에서 프로그램에 대한 정보도 찾아보고, 담당 작가에게 전화를 해서 프로그램의 특성에 대해 문의도 했다. 이 프로그램은 결혼을 목적으로 하는 프로그램이었고 부모님이 나의 데이트를 줄곧 지켜본다고 했다. 내 생각에는 현재 인기리에 방송중인 〈미운 우리 새끼〉와 SBS에서 화제가 되었던 프로그램 〈짝〉을 혼합한 프로그램이라는 느낌이 들었다. 어머니와 함께 방송에 나간다는 것이 매우 흥미롭고 좋은 추억이 될 것 같다는 생각도 들었다. 사전미팅 전에 어머니에게 전화를 해서 이런 프로그램에서 출연하라는 연락이 왔는데 어떻게 생각하시냐고 말씀드리니 어머니는, "내 아들이 결혼생각을 갖는 것만으로도 좋다"고 하였다. 그래서 나는 궁금한 것들을 수첩에 메모했다. 사전 미팅시간과 장소 그리고 부모님들의 비중이 어느 정도인지도 궁금했다. 또한 작가들과의 미팅 시 예상되는 질문들, "어떤 일을 하는지?", "본 프로그램에 나오고 싶은 이유는?", "본인의 이상형은?" 등 그에 대한 답변들도 나름대로 준비를 했다. 그리고 예전에 방영됐던 SBS 프로그램 〈짝〉도 인터넷에서 다운받아 다시 봤다. 사전미팅 날이 다가왔고 조금은 떨리는 마음으로 미팅에 참여했다. 안내된 미팅 실에는 4명의 작가가 기다리고 있었다. 작가들은 질문을 했고, 나는 어느 정도 작가의 질문들에 대한 답변을 생각하고 있었기 때문에 정리된 대답을 할 수 있었다. 그리고 중간 중간 내가 생각했던 질문들을 작가들께 하니 작가들은 조금 놀란 눈치였다. 나처럼 도리어 질문하는 참가자는 거의 없었다는 것이다. 그래서 나는 프로그램의 취지와 방송이 추구하는 개념을 잘 숙지해야 될 것 같아서 준비를 했노라고 말했다. 작가는 "민창 씨는 준비된 참가자 같아요. 대답도 잘 하고 많이 신경을 쓴 것 같네요. 혹시 다음 미팅에 부모님과 함께 올 수 있을까요?"

일주일 뒤, 어머니와 함께 미팅을 했다. 미팅이 끝난 후 작가는 '촬영일자는 00일입니다. 그 때 다시 봐요. 이런 과정을 거쳐 나는 tvN의 〈한 쌍〉이라는 프로그램에 출연할 수 있었다.

새로운 경험이었고, 재밌었다. 만약 내가 질문에 대한 준비를 하지 않았다면 과연 〈한 쌍〉이라는 프로그램에 나갈 수 있었을까?

많은 출연희망자들 중 그들이 나를 선택한 이유는, 상황에 대처한 '세심한 '준비성'이었다고 생각한다.

"어떤 질문을 할까?"

"예상되는, 이러한 질문에는 어떻게 대답해야 할까?"

스스로에게 묻고 준비를 했기에 소중한 경험을 할 수 있는 기회를 잡을 수 있었다.

누군가를 만나기 전에 아무 생각 없이 만나기보다 그 사람에 대해 파악해보자. 그러면 그 누군가도 편한 마음으로 마음을 열 것이고 상대를 배려한 준비된 질문은 예상치 못한 행운을 가져다줄 것이다.

문제해결을 위한 5가지 질문법

　자기계발 분야에서 효과적인 변화를 유도해내는 것으로 유명한 동기부여 전문가 앤서니 라빈스는 "우리에게 활력을 주는 질문습관은 인생에서 매우 중요한 포인트"라고 말했다.

　사람은 살아가며 무수히 많은 해결하고 넘어가야 하는 '문제'라는 장애물을 만난다. 하지만 우리의 앞을 가로막는 장애물이라고 생각되는 문제는 어떻게 해결하느냐에 따라, 나를 위해 준비된 선물이 될 수도 있다. 중요한 것은 두려움에 망설이는 것이 아니라 어떤 식으로 해결하는 것이 가장 현명할지에 대하여 스스로 질문하는 것이다.

　이것에 대해 앤서니 라빈스는 다섯 가지 질문법을 소개했다. 그 내용은 다음과 같다.

첫 번째, '이 문제의 좋은 점은 무엇인가?'를 찾아보는 것이다.

나는 독서에 흥미를 갖게 되면서 사람들을 많이 만났다. 첫 책을 발간하기 전에 그들에게 조언을 구했는데 그럼에도 불구하고 정리된 집필방향을 구상하기가 힘들었다. 그 이유는 나의 직장에 관한 이야기는 가능하면 배제하고 싶었기 때문이다. 나의 직장이야기는 책 내용으로 밝히기에는 민감한 부분이 있다고 생각했다. 하지만 나의 의견을 듣고 조언을 해준 사람들이 "열심히 사는 모습을 진솔하게 보여주는 것"이 훨씬 더 좋은 소재가 될 것이라며 격려해 주었다. 그러한 격려에 힘입어 나는 스스로 자문해 보았다. 처음에는 '나의 직장이야기를 배제하고 글을 집필할 수는 없을까?'라는 생각을 했지만 '나의 직장이야기 중에서 독자들의 호응을 받을만한 좋은 소재가 될 수 있는 것은 무엇일까?'를 생각하니, 글의 집필 방향이 수월하게 잡히는 것이 아닌가. 그렇게 나의 고정된 관념들이 깨지기 시작했고, 긍정적인 자문을 하는 것만으로도 풀리지 않던 이야기의 전개가 순풍에 돛을 단 것처럼 수월하게 쓰여 졌다.

두 번째, '아직 완전하지 못한 점은 무엇인가?'

나는 첫 책을 발간한 후 본격적인 전업 작가로서의 길을 생각해 보았다. 하지만 직장을 그만두고 작가로서 성공할 수 있겠다는 생각이 들었을 때, 나는 스스로 나에게 자문을 했다.

"나는 지금의 내 기분에 취해서 감정적으로 내 미래를 섣불리 결정을 하려고 하는 것은 아닌가, 이러한 결정 후에 내가 겪어야 될 후폭풍은 어떤 것들이 있을까?"

이렇게 생각하니 아직은 너무도 많은 것이 부족하다는 생각이 들어서 불안했다. 지금의 나는 사회적으로 크게 성장할 만한 특별한 것이 없었고, 전업 작가로서 글만 집필해도 생계를 유지할 정도로 경제적인 여유가 있는 것도 아니었다. 나는 현실을 냉정하게 생각할 필요가 있었다. '그래, 조금 더 내실을 쌓자. 계획적으로 목표를 세워서 열심히 노력한다면 언젠가는 내가 생각하는 삶을 살 수 있을 것이다.'라는 생각이 내 계획에 제동을 걸었다.

하지만 열심히 노력하면 반드시 내가 '원하는 삶'이 이루어질 것이라는 판단은 지금도 현재진행형이다.

이와 같은 질문은 일시적인 감정으로 섣부른 행동으로 옮기기 전에 보다 이성적으로 생각할 수 있게 해주며 리스크를 줄여주는 역할을 한다.

세 번째, '내가 소망하는 것을 이루기 위해 무엇을 할 것인가?'

앤서니 라빈스는 자신의 과도한 업무로 인해 조금의 여유도 찾을 수 없는 습관화된 일상에서 벗어나서 행복함을 느낄 수 있는 생활을 하고 싶었다. 그래서 모든 일을 자신이 떠안고 일하기보다는 자신의 일을 일부분 분담하여 처리할 새로운 직원을 채용했다. 그렇게 자신의 바쁜 스케줄을 조정하니 바쁘다는 이유로 소홀했던 가족과 함께하는 시간을 자주 가질 수 있었다. 앤서니 라빈스는 비로소 가정의 행복이 경제적 풍요보다 우선한다는 것을 깨달았다.

네 번째, '내가 원하는 삶을 살기 위해 무엇을 포기할 것인가?'

'기회비용'이라는 말이 있다. 누구에게나 주어진 시간은 24시간이고 몸은 하나뿐이다. 모든 것을 다 할 수는 없다. 그렇다면 우선순위를 정해야한다.

1년 전 일이었다. 일 년에 한 번씩 열리는 농구대회에 내가 속한 조직의 팀 대표로 참여할 기회가 있었다. 그런데 공교롭게도 그 날, 내가 존경하는 멘토의 강연이 있는 날이었다. 몸은 하나인데 두 개의 중요한 일이 겹친 것이다. 예전 같았으면 당연히 농구대회를 나갔겠지만 그 당시 나는, 내 인생의 발전에 대한 의욕이 매우 컸던 시기였다. 그러므로 나의 발전을 위해서는 효과적인 조언을 할 수 있는 좋은 사람들을 많이 만나서 시너지 효과를 얻어야 한다는 생각이 내 머릿속을 지배했다. 결국 나는 농구대회를 포기하고 강연에 참석했다. 그 곳에서 지금도 서로 많은 도움이 되고 있는 형준, 동현, 진영. 세 친구를 만났다. 그들과는 지금도 주기적으로 연락하고 서로의 꿈을 응원해주고 있다.

어떤 결정을 할 때 자신이 희망하는 그 무엇을 이루기 위해서는 어떤 일은 무조건 포기해야 한다고 생각할 수도 있지만 진지하게 자신의 희망에 대하여 신중한 생각과 자문으로 의미를 부여하고 그 어떤 일을 포기함으로써 더 큰 것을 얻을 기회가 되는 것이다.

다섯 번째, '내가 원하는 꿈을 이루기 위한 일을 하면서 어떻게 그 과정을 즐길 것인가?'

나는 글을 쓰고 강연을 하며 사는 것이 내가 원하는 삶이지만 강연을 준비하고 글을 쓰는 과정은 매우 힘들다. 그래서 나에게 다음과 같은 질문을 해보았다.

'글을 집필하고 강연을 준비하는 과정을 어떻게 하면 덜 힘들고 효과적으로 할 수 있을까?'

우선 나는 글을 집필하고 강연을 준비하는 과정이 왜 힘든지를 생각해보았다. 그랬더니 내가 힘들어 하는 이유를 생각해 낼 수 있었다.

나는 글을 쓰거나 강연준비를 할 때, 조금의 휴식시간도 없이 일을 하는 스타일이었다. 그래서 중간 중간 휴식시간을 갖기로 했다. 강연을 준비하면서 잠시 짬을 내어 좋아하는 농구 동영상을 감상한다거나 글을 집필할 때 가능하면 한 꼭지를 쓴 후 10분 동안 나가서 바람 쐬며 걷기 등의 활동을 했다. 그렇게 시간을 활용하니 스스로 놀랄 정도로 변화가 생겼다. 그것은 쉬지 않고 일을 할 때보다 훨씬 더 효율이 좋아지고 스트레스도 줄어든 것이었다.

이 책을 선택한 독자들께도 앤서니 라빈스의 다섯 가지 질문법을 항상 염두에 두길 권한다. 자신의 사고를 조절하고 필요한 것에 접근할 수 있는 습관을 만든다면, 어떤 문제든 보다 효과적으로 해결할 수 있을 것이다.

앤서니 라빈스는 "행복은 생각의 초점을 어디에 두는가에 달려 있다"고 말했다. 만약 어떤 문제에 대해 답이 잘 안 나온다면 스스로 자문하며 생각해보자.

1. 지금 내 인생에서 행복을 주는 요소는 무엇인가?

2. 지금 내 인생에서 나는 무엇에 가슴이 설레는가?

3. 지금 내 인생에서 나는 무엇을 자랑스럽게 생각하는가?

4. 지금 내 인생에서 나는 무엇을 감사하다고 느끼는가?

5. 지금 나는 무엇을 가장 즐기고 있는가?

6. 지금 내 인생에서 결단을 내릴 것은 무엇인가?

7. 내가 사랑하는 사람은 누구인가? 누가 나를 사랑하는가?

8. 내가 오늘 베푼(풀) 것은 무엇인가?

9. 내가 오늘 배운(울) 것은 무엇인가?

10. 내 미래를 위한 투자로 오늘을 어떻게 사용(했는가?)할 것인가?

자신이 집중하고 있는 생각의 초점이 자신이 소망하는 길을 보여 준다. 초점을 맞추면 우리가 찾는 것을 발견하게 될 것이다. 명심하자. 냉철한 판단에서 나온 질문이 모이면 훌륭한 인생을 만든다.

질문하지 않는 사람은 변화하지 않는다

핀란드와 한국은 OECD(경제협력개발기구)가 실시하는 '국제 학업성취도 평가(PISA·피사)'에서 최상위 등급의 국가다. 2000년 처음으로 실시된 국제 학업성취도 평가에서 핀란드는 읽기부문에서 세계 1위, 한국은 과학부문에서 1위를 했다. 수학부문에서는 한국 2위, 핀란드가 4위를 차지하여 두 국가 모두 국제 학업성취도 평가에서 좋은 평가를 받았지만, 세계의 이목은 핀란드의 교육에 주목했다. 한국은 사교육비 부담이 높고 학생들이 고된 학습 노동을 하는 데 비해 핀란드 학생들은 적은 학습 시간과 공교육만으로 일궈낸 성과였기 때문이다. 두 국가는 지리적으로 강대국 사이에서 생존하며 식민지 지배를 당하였다는 공통점이 있으며 독립 후 국가의 미래를 교육에 두고 인재양성에 힘썼던 나라들이다.

하지만 핀란드와 한국의 교육은 분명한 차이점이 존재한다. 핀란드의 학생들은 교육을 받으며 행복한 반면, 한국 학생들은 불행함을 느낀다고 한다. 한국 학생들의 교육은 경쟁 위주의 교육이다. 이러한 교육방식으로 인해 단기간에 학습의 효율성은 높일 수 있었지만 이에 비례하여 학생들은 행복감을 느끼지 못하고 결국은 많은 사회적인 문제를 초래했다는 것이다.

핀란드는 학생들 간의 학력차가 크지 않다. 최하위 성적 아이들의 비율이 높지 않다는 점이 전체적인 학업 수준이 대체로 평준하다는 것을 대변한다. 핀란드 학생들의 경우 7살에 초등학교에 입학하여 기초중등교육을 마치기까지 9년제의 종합학교에서 의무교육을 받는다. 의무교육을 마치고 나면 학생들은 진로결정을 위해 직업학교 또는 후기중등학교에 진학한다. 그리고 후기중등학교를 마친 후엔 아비투어(Abitur)라는 대학입학자격증이 주어지는데 학생들은 자신들이 원하는 대학과 학과를 선택하여 진학하게 된다. 핀란드는 모든 대학의 평준화를 실시하고 있기 때문에 한국과 같은 대학 간의 서열이 없다. 학습능력 평가방식이 한국과 다르기 때문이다. 한국은 모두가 동일한 시험을 치르고 일등부터 꼴등까지 순위를 정하는 방식에 익숙해져 있다. 치열한 경쟁 속에서 개개인마다 등수가 정해지고 일정 등수 내에 들지 못하면 자신이 원하는 대학에 진학을 하지 못한다. 그렇기 때문에 한국의 학생들은 자기만족보다는 다른 이들을 이기기 위한 공부를 한다. 옆에서 공부하고 있는 친구가 함께 깨우치고 협력하는 사람이 아닌, 반드시 이겨야만 내가 살아남는 경쟁자인 것이다.

그러나 핀란드 교육방식은 다르다. 핀란드 학생들은 어렸을 때부터 어떠한 학업평가에 대한 순위를 받아본 적이 없다. 경쟁보다는 협력을 강조하는 수업구조에서 다른 학생들과 협력하여 서로의 가치를 끌어 올리는 방식으로 공부를 한다. 그러기에 자신이 모르는 것에 대해서는 서슴없이 질문하고 다른 학생들과의 의견 공유를 통해 학습능력을 키운다.

한국의 학생들은 수업시간에 선생님이 "이해했느냐?"고 물으면 모르는 부분이 있어도 손을 들어 질문을 하는 학생들을 찾아보기가 힘들다. 다른 학생들의 시선과 스스로 모른다는 부끄러움이 원인으로 작용하는 것이다. 이러한 소극적인 수업태도는 경쟁 위주의 교육방식이 낳은 결과다. 경쟁 위주의 교육제도 안에서는 자신의 학업성취 정도보다 상대보다 잘하고 못하고의 문제가 더욱 중요하기 때문이다. 하지만 핀란드의 교육은 다른 사람과의 경쟁보다 배움의 의미를 이해시키는 교육 방식이다. 그래서 모든 학생들이 교과 과정을 이해하는 것을 교육목표로 하고 있다. 학습에 어려움이 있는 학생에게는 특별지원학급을 통한 관리가 실시된다. 학업능력이 뒤떨어지는 학생은 물론 특수교육이 요구되는 학생들까지도 동일 학습 집단에서 통합적으로 교육해야 한다는 교육철학을 기반으로 하고 있기 때문이다. 핀란드의 학생들은 모르는 것이나 의문점이 있는 사항을 질문하는 것에 주저함이 없다. 그렇기에 공부를 하는 것을 스트레스로 여기지 않고 재미있는 놀이로 대하는 것이다.

초등학교 시절, 나는 공부를 꽤 잘하는 편이었다. 내가 살던 동네는 일명 학군이 좋은 지역이었고, 나는 지역에서 가장 유명한 학원인 '종로엠스쿨'의 최상위반 학급에서 공부를 했다. 초등학교 4학년 때에는 중학교 과정을 선행 학습할 정도로 진도가 빨랐기 때문에 부모님의 기대를 한 몸에 받았다. 하지만 어느 순간부터인지 공부가 하기 싫어졌다. 날이 갈수록 부모님의 기대가 무거운 짐처럼 느껴졌고 학원 수업을 따라가기가 벅찼다. 그러므로 학원을 다니는 것이 너무도 싫어서 스트레스를 많이 받았다. 그러다보니 학원수업에 집중하지 못했고, 얼마 지나지 않아서 최상위반 친구들과는 비교할 수 없을 정도로 격차가 났다. 수업진도를 도저히 따라가기가 힘들었지만 학원에서는 내 수준에 맞는 새로운 반을 찾아주기보다 계속해서 최상위반에 남아 있게 했다. 부모님은 이러한 나의 사정은 꿈에도 생각 못하고 변함없이 공부 잘하는 아들로 알았다. 그럴수록 점점 심리적 압박은 심각해져갔다. 나는 특히, 수학문제 중 분수에 곱셈을 하는 계산법에 힘들어했다. 하지만 이러한 사실을 선생님께 상담을 하거나 질문하기에는 부끄러워서 시험 문제 중에 그런 문제가 1~2개 정도 나오면 풀어볼 생각도 없이 답을 작성하지 못했다. 시험에는 분수 곱셈하기 문제만 출제되는 것이 아니라 응용문제로 출제되었기 때문에 선생님도 내가 분수 곱셈을 못해서 틀린 게 아니라 응용한 문제가 어려워서 틀린 줄 알고 계셨을 것이다. 그렇게 장장 일 년을 최상위반에서 공부를 했고 날이 갈수록 나의 괴로움은 깊어만 갔다.

그러던 어느 날, 기어코 일이 터지고 말았다. 학교 수업시간에 분수 곱셈에 대한 문제만 푸는 시험을 치르게 되었는데, 나는 20문제 중 단 한 문제도 답안지를 작성하지 못했다. 채점하는 선생님도 함께 공부하던 친구들도 모두 놀라는 눈치였다. 중학교 과정을 선행학습 하는 종로엠스쿨 최상위반의 학생이라면 이 정도 문제는 가볍게 몸 푸는 정도의 쉬운 문제라고 생각했기 때문이다. 나는 부끄러움을 감출 수 없어 교실을 뛰쳐나갔다. 그리고 마음이 답답할 때마다 자주 올라갔던 학교 옥상으로 올라갔다. 곧 선생님이 나를 찾아 옥상으로 올라오셨다. 선생님은 내게 부드러운 목소리로 물으셨다.

"민창아, 분수에 곱셈하는 유형의 문제가 어려웠니?"

나는 선생님의 따뜻한 목소리에 갑자기 울음보가 터졌다. 한참을 선생님의 품에서 울었다. 나를 달랜 후 선생님은 나를 교무실로 데리고 갔다. 선생님은 교무실에서 개인적으로 분수 곱셈하는 법을 자상하게 가르쳐주셨다. 그렇게 선생님께 몇 번 개인수업을 받은 후 분수 곱셈이 너무너무 쉬운 것이라는 것을 알았다. 이렇게 쉬운 걸 질문을 하여 깨우칠 생각은 안하고 포기했었다니, 나 자신에게 스스로 화가 날 지경이었다.

하지만 모르는 것을 질문하거나 묻지 않고 모르지 않는 척하며 다른 학생들 속에 섞여서 최상위반의 공부 잘하는 그룹의 일원으로 지낸 내 잘못이 제일 컸기 때문에 아무 말도 할 수 없었다.

그 일이 있고난 후, 나는 어머니에게 말씀드리고 다른 학원의 입학 시험을 치르고 내 수준에 맞는 반에 들어갔다. 비로소 나는 몸에 맞지도 않는 불편한 옷을 벗어 던지고 나의 기준에 맞는 옷으로 새롭게 갈아입었던 것이다. 제대로 따라가지도 못하던 공부를 하다가 내 수준에 맞는 반에 들어가니 공부가 재밌어졌다.

"너는 이것도 모르니?"

옆 친구의 부족함을 위안으로 삼는 살벌한 공부분위기에서 벗어나 친구들과 함께 장난도 치며 공부를 하는 분위기로 바뀌니 너무 좋았다. 나는 모르는 것은 반드시 질문을 하며 공부를 했다. 그러다보니 1년 만에 옮긴 학원에서도 최상위반으로 갈 수 있었다.

스트레스를 받으며 자기가 모른다는 사실을 숨기는 학생과 모르는 것은 그 때 그 때 적절한 질문으로 물어서 깨닫는 학생 중, 어느 학생이 더 성과에 만족하고 행복한 삶을 살까?

답은 당연히 후자다. 모르는 것은 물어봐야 한다. 물어보고 되짚어야 한다. 사회생활 또한 이와 같다. 사회생활을 하면서도 학생 때의 모르면서 모르지 않은 척하는 습관이 가치관을 형성하여 모르는 것을 묻지 않고 어물쩍 넘어가는 경향이 있는데, 그런 사람에게는 발전이 있을 수 없다.

〈노자〉에는 다음과 같은 내용이 있다.

「모른다는 것을 아는 것이 가장 좋다. 모른다는 것을 모르는 것은 병이다.」

소크라테스는 특유의 질문법을 사용하여 사고의 능력을 향상시켰던 사람이다. 그는 여러 가지 다양한 질문을 활용해서 상대방으로 하여금 스스로 결론을 얻도록 했는데 이 질문법을 '산파법'이라고 한다. 소크라테스의 이러한 질문기술은 많은 교육론의 모태가 되었다.

말년에 소크라테스는 여러 정치인들과의 소송에서 패하게 되어 죽음에 이르게 되었는데 정치인들이 그를 몰아세운 이유는 단 한 가지 소크라테스의 예리한 질문, 다시 말해 문제의 본질을 날카롭게 파고드는 촌철살인의 질문에 위협을 느꼈기 때문이다. 소크라테스의 질문은 사람들의 생각이 점점 문제의 핵심을 이해하는데 도움을 주었다. 권력자들이 문제의 핵심을 찌르는 결정적인 질문을 회피하는 이유는, 자신의 권위를 내려놓지 않겠다는 생각 때문이다. 소크라테스가 질문을 통해 깨우치려했던 것은 사람들로 하여금 '잘 알고 있다'라는 착각으로부터 벗어나게 하는 일이었다. 의심나는 부분이 있으면 질문해야 한다. 그것이 가장 현명한 행동이다. 질문이 우리를 앞으로 나아가게 하고 발전하게 한다.

명심하자. 질문하지 않는 사람들은 변화가 없다. 지혜는 '물음'으로써 생기고 후회는 정리되지 않은 '말함'에서 생기는 것이다.

익숙한 단어 재 정의하기

SBS 스페셜 프로그램 〈인생단어를 찾아서〉 방송 편에는 25살의 대학생 준우가 출연했다. 그는 마술을 배운지 10년이 되었고, 공원 또는 사람들의 왕래가 빈번한 거리에서 길거리마술공연을 한 지 3년이 됐다. 한마디로 준우는 마술이 너무 좋다. 특히 공연할 때 청중들의 환호와 함성은 그를 행복하게 만든다. 하지만 현실은 준우가 좋아하는 마술에 마냥 시간을 보내기를 허락하지 않는다. 그는 취미의 단계를 넘어 사람들에게 많은 사랑과 인기를 얻고 있는 이은결, 최현우 같은 마술사가 되는 것이 꿈이지만, 마술사라는 직업은 수입이 불규칙적이고 또한 그가 대학에서 공부하는 전공과는 전혀 다른 길이다. 그러기에 부모님과 주변에서, 학생이 공부를 열심히 해서 좋은 직장에 취업해야지 무슨 마술이냐고 편잔을 주지만 준우에게는 마술을 하지 않는 자신의 인생은 생각할 수 없었다. 사회적인 관점으로는 불안한 미래이지만, 자신이 원하는 '마술사'를 택할 것인가? 아니면 많은 사람이 기대하는 '안정'을 택할 것인가?

준우는 고민을 하였지만 결론을 내지 못하고 오대산에 위치한 사찰 '월정사'에 들어간다.

자신의 스마트 폰과 전자기기를 반납하고 오직 국어사전 한 권만을 지닌 채 입산해서 그는 매일 매일 생각한다. 국어사전 한 권만을 지닌 채 입산을 한 이유는, 자신의 인생에서 의미 있는 단어를 찾기 위해서다. 인생단어를 찾아가는 여정은 진정한 자신을 찾기 위한 과정이다.

"나에겐 어떤 선택이 과연 현명한 길인가?"

준우는 태어나서 처음으로 자신의 인생에 대한 문제를 놓고 고민을 하게 된 것이다.

준우는 국어사전을 뒤적이며 자신의 마음을 판단할 수 있는 화두와 같은 단어를 찾기 위해 뒤적였다. 그러던 어느 날, 불현듯 그의 눈에 들어 온 단어가 있었다. '관심'이었다. 관심의 뜻은 '어떤 것에 마음이 끌려 주의를 기울임'이라는 뜻인데, 준우는 관심이라는 단어를 곱씹으며 "나는 왜 마술을 선택했는가?"라는 자문을 하게 된다.

처음에는 단순히 재미가 있어서 마술을 시작했다고 생각했는데, 사실은 사람들의 관심을 받고 싶어서 마술을 시작하게 됐다는 것을 깨닫는다. 또한 자신이 원하는 대학에 갈 수 있었던 이유도 선생님과 부모님의 관심을 받으려면 공부를 잘 해야 했기 때문이라고 생각한다. 준우가 또 선택한 단어는 '자존심'이었다. 자신의 능력에 대해 무시당하거나 인정을 못 받으면 매우 허탈하고 기분이 나빠진다고 털어놓은 준우는 자신이 화두처럼 선택한 두 단어, '관심'과 '자존심'의 본질이 모두 타인이 자신을 바라보는 시선과 관련되어있다는 것을 깨닫는다. 진정으로 자신이 해야 할 일, 그것을 바라보게 된 것이다.

이렇듯 월정사에서 며칠 동안 단어들을 찾으며 생활한 결과 드디어 준우는 자신에게 맞는 단어를 발견한다. '중도'

준우는 마술과 취업, 둘 중 하나는 반드시 포기해야 된다고 생각했지만 '중도'라는 단어를 화두처럼 안고 자문을 한 결과, 다음과 같은 결론을 내렸다고 한다.

"성실하게 일을 하면서, 좋아하는 마술까지 할 수 있다면!"

일과 마술의 밸런스를 맞추는 것이 자신에게는 최선이라는 답을 찾았던 것이다.

우리가 자주 쓰는 단어들을 머릿속에 떠올려보자. 그리고 진정한 뜻도 모른 채, 사용했다면 자신에게 자문해보자.

"이 단어가 나에게는 어떤 의미인가?"

스스로 의미를 찾았을 때, 그 단어는 오롯이 자신을 자신답게 만들어줄 것이다.

끊임없이 질문하고 답을 구하자. 좋은 질문은 우리 안에 흔들리지 않는 솟대를 세워줄 것이다.

누구에게나 자주 활용하는 익숙한 단어들이 있을 것이다. 나 같은 경우에는 '자존감' '실행' '발전' '자유' 같은 단어들을 많이 쓰고 있는데, 단어들의 뜻을 정확히 알지 못하고 의미없이 '멋있으니까', '고급스러워 보이니까' 습관적으로 사용했던 것 같다. 생각해보면 참 부끄러운 기억이다.

어느 날, 친구를 만나서 자존감에 대하여 대화를 나눈 적이 있다. 나는 친구에게 다음과 같이 말했다.

"사람은 자기 자신을 사랑해야 해. 그래야 자존감이 높아져."

내 말을 들은 친구는 나에게 질문을 했다.

"그래서, 자존감이 너의 인생에서는 어떤 의미야?"

친구의 그 질문을 받은 나는 순간, 꿀 먹은 벙어리가 됐다. 그 이유는 '자존감'이라는 단어에 대한 깊은 자각도 없이 '타인의 시선만 의식하고 살았구나.'라는 생각을 하게 되었던 것이다. 그 이후로 내가 자주 쓰던 단어들과 그 단어들이 나에게 의미하는 바는 무엇인지, 이 단어를 어떻게 정의할 것인지에 대한 물음을 나 스스로에게 끊임없이 자문했다. 그렇게 내가 자주 사용하는 '단어' 들에게 의미를 부여하고 정의를 하자, 놀라운 일이 벌어졌다.

그것은 진정으로 '나'다운 삶'을 살 수 있게 된 것이다. 그 전까지 내가 다른 사람들에게 습관적으로 사용했던 단어들은 모두 멋지고 유식하게 보이기 위해 사용했던 단어들이었다는 것을 깨달은 것이다. 항상 타인의 시선을 의식하고 타인에게 인정받을 수 있도록 도움을 줬던 단어들, 그것들은 그럴듯하게 보이게 하는 '거짓된 나'였던 것이다.

도연스님. 스님은 자신의 목표였던, 세계적인 물리학자를 꿈꾸며 카이스트에 입학했지만 일 년을 공부하고 돌연 출가하여 지금은 수행에 정진하고 있다. 그가 출가하게 된 연유는, 어느 순간 자신을 지배한 한 단어 때문이라고 한다. 그것은 '자유'라는 단어다.

도연스님은 "나는 무엇을 하고 싶은가?" "무엇을 할 수 있는가?" "무엇을 해야 하는가?"를 끊임없이 자문했고 그것이 정리가 됐을 때 '자유'라는 단어가 자신을 찾아왔다고 한다. 스님이 말하는 자유는 '스스로 자(自)에 말미암을 유(由)', 즉 자기만의 이유라는 것이다. 카이스트라는 수재들만이 입학을 허락한 학교를 그만둘 때 그의 가족, 친지, 친구들 모두가 말렸지만 자신에게는 출가를 해서 자신만의 길을 가는 것이 무엇보다도 중요했다고 한다. 그리고 지금 도연스님은 누구보다 행복한 삶, 수행의 삶을 살고 있다.

도연스님이 말하는 자유는 '무엇을 해야 하는지?' '무엇을 할 수 있는지?' '무엇을 하고 싶은지?'를 끊임없이 자문하고 얻게 된, 자신만의 단단한 신념이기에 내가 타인을 의식하며 떠벌리듯 말하고 다녔던 '자유'와는 비교할 수 없을 만큼 가치 있는 단어인 것이다.

그렇기에 도연스님은 그 어떤 것에도 흔들리지 않고 오롯이 자신의 삶을 고고하게 살아가는 것이다.

사람들의 마음을 끄는 사람들은 나다운 모습으로 살아가는 사람들이다. 나다운 삶을 사는 사람은 행복하다. 하지만, 나답게 살기 위해선 내가 누구인지를 올바로 알아야 한다.

질문 :

- 당신에게 지금의 삶의 방식은 최선인가요?

- 최선이 아니라면, 그 상태를 유지하고 있는 이유는 무엇인가요?

답변 :

....

....

....

....

....

....

....

4장

인생을
변화시키는
질문들

당신의 강점은 무엇입니까?

사람은 누구나 타고난 능력이 있다. 하지만 자신의 능력을 온전히 발휘하지 못하는 것은, 그것이 가치가 없다고 생각하거나 자신의 능력을 발전시킬 노력을 하지 않기 때문이다. 그렇기 때문에 자신의 강점을 긍정적으로 인식하는 일은 매우 중요하다.

'성공한 사람들과 그렇지 않은 사람들은, 어떤 차이가 있는 것일까?'

나는 자주 이 문제에 대해 깊은 생각을 했다. 경제적으로 성공한 사람, 자신의 일에 높은 자부심이 있는 사람, 자신만의 고유한 일에 종사하는 사람 등등 다양한 분야의 사람들을 만나면서 성공한 사람과 성공하지 못한 사람을 나름대로 분류하여 연구를 하였는데, 이 과정에서 두 그룹의 차이점을 발견할 수 있었다. 그 차이점은 바로 자신의 강점을 명확히 알고 있는가, 그리고 그 강점을 잘 활용하고 있는가이다. 내가 생각하는 성공한 사람의 기준은 다음과 같다.

- 자신이 좋아하는 일을 하는가?
- 자신이 하고 있는 일이 사회적인 도움이 되고 있는가?
- 자신이 하고 있는 일로 인하여 수입을 창출하고 있는가?

나에게는 진영이라는 친구가 있다. 그는 대학에 입학할 무렵, 나에게 자신은 절대 평범한 인생을 살지 않겠노라고 말했다. 그래서 나는 그에게 물었다.

"네가 꿈꾸는 삶은 어떤 삶인데?"

그는 나를 자신만만한 표정으로 바라보며 말했다.

"민창아, 나는 과연 내가 남들보다 뛰어난 것이 무엇일까를 나 스스로에게 자문해보았어. 그 결과, 나는 사람의 장점을 더욱 높이도록 컨트롤하는 능력이 뛰어나다는 장점을 발견했어."

내 친구 진영이는 지금 사람들의 브랜드를 '컨설팅' 해주는 일을 하고 있다. 또한 자신이 하고 있는 지금의 일이 자신에게 큰 성공을 가져다 줄 것임을 확신하고 있다.

내가 지켜보기에도 그는 내가 생각하는 성공한 사람의 기준인, 자신이 하고 싶은 일을 하고 있으며, 사회적으로 선한 영향력을 끼치고 있으며, 그 일로 인해 수입도 창출하고 있다.

나는 그의 삶이 앞으로도 행복할 것이라는 것을 장담할 수 있다.

〈온 워드〉의 저자이며 스타벅스의 창업자 하워드 슐츠는 자신의 강점을 정확히 알고 있는 사람이다. 가난한 노동자의 집에서 태어난 하워드 슐츠는 마케팅 분야에 깊은 관심을 갖고 있었다. 1982년 우연히 맛보게 된 스타벅스 커피 맛에서 획기적인 생각이 떠오른 슐츠는, 잘 다니던 안정된 직장을 그만두고 무작정 스타벅스 회사로 찾아가 자신에게 마케팅 업무를 맡겨 달라고 요청한다. 당시 스타벅스는 6개의 직영커피매장을 운영하고 있었지만, 주 수입원은 분쇄한 원두를 판매하는 회사였다. 스타벅스의 대표이사는 마케팅의 중요성을 느끼지 못하는 사람이었기에 슐츠의 제안을 거절한다. 그러나 슐츠는 포기하지 않고 스타벅스의 임원들에게 마케팅의 중요성을 설득한다. 그리고 마침내 스타벅스의 마케팅 이사가 되었다. 슐츠는 스타벅스의 일원으로 일하며 원두의 종류에 따라 커피를 추출하는 방법, 신선도를 유지하는 방법 등 커피에 대한 모든 것을 연구한다. 또한 고객을 직접 응대하며 현장 감각을 익히는 일도 소홀하지 않았다.

그러던 어느 날, 이탈리아에 출장을 갔던 슐츠는 현지의 사람들이 카페에서 편한 분위기로 커피를 마시며 담소를 즐기고 있는 풍경을 목격한다. 카페라는 공간이 소통과 휴식의 공간이 되고 있는 것을 포착한 것이다. 평범한 사람이었다면, '저렇게 커피 한 잔을 앞에 놓고 몇 시간을 죽치고 앉아있다면 카페 매출에 도움이 안 될 텐데'라고 생각했을 수도 있다. 하지만 그는 그 모습에서 '새로운 문화'를 기획한다. 그는 출장을 마치고 회사에 복귀하는 즉시 임원회의 소집을 건의하고 다음과 같이 자신의 생각을 밝힌다.

"커피를 즐기며 소통하는 공간으로 우리 회사에서 운영하는 매장을 변화시키는 건 어떻습니까?"

슐츠의 제안은 경영진에 의해 거부당한다. 이에 슐츠는 스타벅스라는 조직의 틀 안에서는 자신의 생각이 발전을 이룰 수 없음을 깨닫고, 직접 카페를 개장하기로 결심한다. 그래서 슐츠는 1986년 '지오날레'라는 카페를 시애틀에 2곳, 밴쿠버에 한 곳을 개점한다. 이로써 커피를 단순히 팔기만 하는 것이 아니라 그가 구상한 사람과 문화가 함께 공존하는 공간이 탄생한 것이다. 그리고 다음해인 1987년 슐츠는 스타벅스의 임원진을 설득하여 스타벅스에서 직영하던 매장을 모두 인수하는데 성공했으며, 모든 매장을 커피와 문화 그리고 소통이 어우러지는 공간으로 변모시킨다. 현재 스타벅스는 전 세계에 약 1만 7,000여 곳의 매장을 운영하고 있는 독보적인 세계 최고의 커피회사다. 40여 년 전, 마케팅의 중요성은 덜 부각됐었고 자칫하면 그는 시대의 흐름에 따라 평범한 일생을 살아갈 수도 있었다. 하지만 슐츠는 자신의 강점에 끊임없이 집중한 결과, 마케팅과 혁신을 융합한 새로운 문화를 만들어낼 수 있었다. 누구나 자신이 가진 장점이 있다. 하지만, 사람들은 그것을 자신 있게 드러내길 두려워한다.

"나는 잘하는 게 있는 것 같은데… 내세울 정도로 뛰어나지는 않아서 강점이라고 하기는 어려운 것 같아요."

"나의 강점이 무엇인지 잘 모르겠어요."

어린 시절의 모습을 떠올려보자.

"나는 노래를 잘하니까 가수가 되고 싶어요."

"나는 글짓기에 소질이 있으니까 작가가 되고 싶어요."

자신 있게 자신의 강점을 사람들 앞에서 말하지 않았던가.

하지만, 세월이 흐르고 사람들의 시선을 의식하기 시작하면서 우리의 꿈도 그리고 우리의 강점도 편지봉투 접듯 마음 한 구석에 고이 접어놓는다.

나 같은 경우에는 목소리가 좋고 말을 잘 한다는 강점을 살려서 직장 내에서 주기적으로 강연을 하고 있다. 또한 글쓰기에 남다른 강점이 있다는 것을 파악하고 퇴근 후 시간을 활용해서 글을 집필했으며 책을 발간할 수 있었다. 아직까지는 내 인생이 어떤 방향으로 흘러갈지는 뚜렷하게 알 수 없지만 적어도 내 강점들이 내 미래에 큰 영향을 미칠 것이라는 것은 확신한다. 나의 강점을 인지하지 못했더라면 미래에도 지금처럼 평범한 직장인에 머물 확률이 높을 것이다.

어린 시절 남들 앞에서 자신 있게 자신의 포부를 이야기했던 '나만의 강점'을 다시 한 번 떠올려보자. 그리고 그 강점들을 지금 자신의 상황에서 어떻게 활용할 것인지를 고민해보자. 이러한 각자의 강점이 자신의 인생을 획기적으로 변화시킬 만큼 큰 기회를 줄 수도 있고 또한 단순히 새로운 취미를 발견하는 계기도 될 수 있지만 확실한 것은, 자신의 강점을 살려서 일을 하는 사람은 훨씬 더 행복한 삶을 살 수 있다는 것이다.

독자들께 묻고 싶다.

"당신은 어떤 부분의 강점이 있는 사람입니까?"

당신은 무엇에 감사함을 느낍니까?

감사(感謝)란 '느낄 감(感), 사례할 사(謝).' 즉 고마움을 느끼고 사례한다는 뜻이다. 무엇에 고마움을 느끼고, 무엇을 사례하라는 것일까? 나는 감사하는 마음을 다른 사람에게 뿐만이 아니라 나 자신에게도 전해주어야한다고 생각한다.

나의 지인 중에 청소년의 진로에 도움을 주는 일을 하는 분이 있다. 그는 대학을 졸업하고 대기업에 입사했지만 불미스러운 일로 퇴사를 하게 됐다. 본인의 잘못이 아니었음에도 동종업계에 널리 좋지 않은 소문이 퍼졌기 때문에 다른 회사로 이직하기도 힘든 상황이었다. 그는 억울한 마음에 극단적인 생각도 했으며, 여러 날을 괴로움에 시달리며 자학했지만 스스로 마음을 다잡을 수밖에 없음을 깨닫고 자신에게 이런 자문을 했다고 한다.

"그럼에도 불구하고 나에게 감사할 일은 어떤 것이 있을까?"

그는 감사할 일을 생각하다보니 감사할 일이 한 두 가지가 아니라는 것을 깨달았다고 한다.

'남에게 갚을 빚이 없음에 감사하고, 새로운 출발을 할 수 있는 아직 충분히 젊은 나이임에 감사하다. 그리고 절망 속에서도 희망을 생각하는 자신에게 또한 감사하다.'

이렇듯 그는 긍정적인 생각을 했고 앞으로 자신의 진로를 냉정하게 생각해 볼 수 있었다. 그러다보니 대학 시절 동아리 모임에서 청소년 진로에 관한 특강을 기획했던 일이 생각났다. 당시 그가 담당했던 일은 청소년들의 상담과 강연을 위한 강사를 섭외하고 청소년들의 진로에 도움이 되는 프로그램을 기획하는 일이었는데, 동아리 회원들과 많은 날을 토론과 보고서 작성 등의 일로 밤을 하얗게 밤을 지새운 나날들이 떠올랐다. 돌이켜보니 몸은 피곤하고 힘들었지만, 그 때가 자신의 삶에서 가장 보람 있고 행복했다는 생각이 들었다. 그래서 그는 청소년 진로에 관한 일을 해야겠다는 결심을 했으며, 다음과 같은 감사의 기도를 올렸다고 한다.

"직장생활에 안주하여 진정 나의 적성에 맞는 일이 있음을 잊은 채 살아왔지만, 시련을 주심으로써 제가 원하는 일을 찾을 수 있게 해주심에 감사합니다."

그는 자신의 결심을 실행하기 위해, 학창시절 선후배 동문 중에 청소년 진로에 관련된 일을 하는 사람이 있는지를 조사했고 마침내 뜻을 같이할 사람들을 찾을 수 있었다.

그는 지금, 그들과 함께 자신의 꿈을 실현하며 행복한 삶을 살고 있다. 또한 일을 시작한 이후에 매일매일 감사 일기를 쓰고 있다고 한다.

그는 자신의 삶이 절망적이고 더 이상 탈출구가 없을 것이라고 생각했던 그 때, 자신을 바로잡아준 것은 "그럼에도 불구하고 나에게 감사할 일은 어떤 것이 있을까?"라는 자문의 힘 때문이었다고 한다.

공무원 한국사 강사, 전 한길 씨. 그는 공무원 한국사 강사 중 독보적인 족적을 남기고 있는 사람이다. 그의 강의를 듣는 온라인 수강생이 5년 연속 전국 1위이며 현 공무원 한국사 교재 판매량 또한 5년 연속 전국 1위다. 그의 일 년 매출은 160억 원이며 순수익은 40억 원이라고 한다. 그는 현재 자타가 인정하는 성공의 아이콘이지만 그의 과거는 도저히 회생 가능성이 희박한 처절한 실패자, 그 자체였다. 그는 대구 지역에서 한국사 학원 강사로 이름을 높이던 시기에 학원사업에 도전했다. 사채를 사용하여 무리하게 시설을 확장하였고 설상가상으로 잘못된 직원 채용은 그의 학원 사업을 혼란하게 했다. 결국 그의 학원 사업 도전 결과는 참담했다. 연 2~3억 원대의 연봉을 받던 대구 지역 최고의 스타강사가 하루아침에 20억 사채 빚에 시달리는 처지가 된 것이다. 그는 절망적인 상황이었지만 자신에게 자문했다.

"그럼에도 불구하고 지금 이 상황에서 나에게 감사한 것은 무엇인가?"

그는 스스로에게 다음과 같이 대답했다고 한다.

"내가 왜 이렇게 됐고, 왜 이 상황을 극복하고 다시 일어나야하는 지를 깨닫게 해줘서 감사합니다. 개인이 20억의 빚이 있다는 것은 역으로 말하면, 나 자신이 그만큼 큰 가치를 지녔음을 반증하는 의미라는 것을 깨닫게 하심에 감사합니다. 무엇보다, 나의 본업인 강의를 하기에는 전혀 무리가 없는 몸이 건재함에 감사합니다."

그는 실패의 경험을 통해 자신을 올바로 바라볼 수 있음에 감사함을 느꼈고 절치부심 많은 노력을 기울인 결과, 지금은 공무원 한국사 분야에서 독보적인 강사가 되었다. 그도 역시 감사 일기를 기록하고 있다고 한다.

나는 직장의 후배들과 함께 '감사일기' 쓰기 모임을 주관하고 있다. 카카오톡 단체채팅 방에 각자가 그 날 느꼈던 감사함을 일기 형식으로 올리는 것이다. 이 모임을 처음 만들었을 때 후배들의 반응은 시큰둥했다. 그리고 감사일기도 대충 적었다.

'오늘은 감사한 일이 없습니다.'

'퇴근을 빨리 할 수 있게 되어 감사합니다.'

하지만 나의 노력에 미안한 마음이 일었는지 후배들은 일주일 정도 지나자 감사일기의 내용이 달라지기 시작했다. 후배들은 비로소 감사 일기를 기록하기 위해서 '감사한 일'을 찾는 눈을 갖게 된 것이다.

'매번 무의미하게 시간을 보냈었는데 처음으로 점심시간을 이용하여 운동을 했습니다. 자주 몸이 피곤하고 의욕이 없었는데 운동을 하니 몸 상태도 좋아지고 상쾌함을 느낄 수 있어 감사합니다.'

'오늘 후배가 저에게 맛있는 저녁을 사줬습니다. 저녁을 사줄 수 있는 고마운 후배가 있음에 감사합니다.'

'집에 와서 처음으로 새로운 마음으로 책상 정리를 했습니다. 정리를 하니 집이 훨씬 더 깔끔해져 기분이 좋아졌습니다. 앞으로는 좀 더 정리정돈에 관심을 가져야겠다고 다짐합니다.'

그렇게 '감사일기'를 쓰니 약 1달 후부터는 후배들의 표정이 변하기 시작했다. 오고가며 만나면 웃으며 인사하고 얼굴 표정이 부드러워지는 등 긍정적으로 변하기 시작한 것이다.

나의 선배 중에 항상 긍정적이고 감사 마인드가 몸에 배인 형이 있다. 그는 다른 사람들에게도 그러한 긍정 마인드를 마구마구 전해주는 사람이라서 언제나 그의 주변에는 사람들이 많다. 하지만 그 형에게는 눈에 넣어도 아프지 않을 만큼 사랑하는 딸이 있는데 안타깝게도 심한 아토피로 고생을 하고 있다는 소리를 들었다. 어느 날, 나는 형에게 위로의 말을 건넸는데 그 형은 나에게 웃으며 말했다.

"민창아, 내 딸 현수가 아토피가 있음으로 우리 가족들이 함께 공기 좋은 곳으로 자주 여행을 가는 등 가족애를 느끼는 시간을 보낼 수 있어. 나는 딸의 아토피를 고치기 위해 서로 노력하고 단합하는 가족의 모습에서 행복감을 느끼는데?"

나는 세 부류의 사람이 있다고 생각한다. 첫 번째는 좋은 일에 감사하는 사람. 두 번째는 평범한 일에 감사하는 사람. 세 번째는 나쁜 일에도 감사하는 사람.

첫 번째의 사람은 좋은 일이 아니면 감사하지 않는다. 반면 두세 번째의 사람들은 평범한 일상에서도 감사함을 느끼고, 좋지 않은 일에서도 새로운 기회와 행복을 창출해낸다.

행복한 인생을 살고 싶은가? 그렇다면 지금 당신에게 감사한 것은 무엇인지 생각해보라.

일을 통해 얻는 보람은 무엇입니까?

'보람차다'라는 말은 '어떤 일을 한 뒤에 결과가 몹시 좋아서 자랑스러움과 자부심을 갖게 할 만큼 만족스럽다.'라는 뜻이다. 직장인들은 대부분의 시간을 회사에서 보낸다. 하지만 많은 사람들이 자신의 일에 만족을 느끼지 못하고 우울하다. 일요일 저녁이 되면, 다음 날 출근할 생각에 암울한 생각마저 든다. 마음속으로는 어디론가 훌훌 떠나고 싶지만 보이지 않는 끈이 자신의 몸을 결박해 놓은 것처럼 울타리를 벗어날 수가 없다. 회사를 그만두고 싶다는 말을 입에 달고 살지만, 정작 상사 앞에만 서면 열심히 일하는 척 해야 하는 자신의 모습에 비참함을 느낄 때도 있다. 회사를 그만두게 되면 당장 자신에게 닥칠 문제들이 자신의 입지를 더욱 초라하게 만든다. 우선, 큰 걱정 없이 삶을 유지시켜 주었던 고정적인 수입이 갑자기 끊길 것이 두렵다. 부모님과 주변 사람들은 "매일 출근할 수 있는 직장이 있다는 것이 행복한 것이다."라는 말로 위로하지만 마음속으로는 '모르시는 말씀 하지마세요. 나는 탈출하고 싶다고요'를 외치고 있다. 또 오늘도 어제와 같은 재미없는 일상이 반복된다. 이 문제를 어떻게 해결해야 할까?

나의 절친 중에 고등학교 교사를 하는 친구가 있다. 그는 선생님이 되는 것이 어릴 때부터의 꿈이었으며 그 꿈을 이루기 위해 사범대를 졸업하고 고등학교 선생님이 되었다. 친구는 자신이 원하는 삶이 순조롭게 이루어진다는 생각에 앞으로도 자신의 삶은 장밋빛 꽃길 인줄 알았지만 삶이 그렇게 마음처럼 진행되는 것이 아니라는 것을 깨달았다고 한다. 친구는 자신이 원하던 선생님이 되면 학생들과 친구처럼 밥도 함께 먹고 수업도 좀 더 색다르게 진행하고 싶었지만 실제 교육 현장의 현실은 자신의 생각과 많이 다르다는 것을 느꼈다고 한다. 처음에는 자신이 근대적인 학교 교육을 바꿀 수 있을 것 같다는 생각에 다른 교사들의 눈치에 아랑곳하지 않았지만, 교사는 교장, 교감의 교육 방침을 수동적으로 따라야하는 위치라는 것을 절실하게 깨달은 것이다.

친구는 어느 날, 나와 함께한 대화 자리에서 물었다.

"민창아, 어떻게 살아야 행복한 삶일까?"

나는 친구의 어깨에 손을 얹으며 말했다.

"네가 생각하는 행복한 삶은 무엇인데?"

나의 물음에 친구는 고개를 가볍게 흔들며 말했다.

"잘 모르겠어. 하지만 내가 하고 싶은 걸 하면서 사는 삶이 행복한 삶이라는 생각은 들어."

"그럼, 네가 하고 싶은 게 뭐야?"

내 물음에 친구는,

"아직 확실한 건 없는데, 진정으로 내가 하고 싶은 걸 찾는 방법이 있을까?"

친구와 나는 허심탄회하게 많은 대화를 나누었고 결론적으로 나는 친구에게 다음과 같은 질문을 했다.

"친구야, 네가 교사를 하며 얻는 보람이 뭐라고 생각해?"

내 물음에 친구는 표정이 밝아지며 말했다.

"학생들을 가르치고 나에게 가르침을 받은 학생들이 변화하는 모습을 지켜보는 것이 나에게는 너무 큰 보람이야. 나는 지금도 2년 전에 가르쳤던 학생들과 네이버 밴드를 운영하며 소식을 주고받고 있지. 아무리 교사의 권위가 무너졌고 학생들이 버릇이 없다고들 하더라도 너무나도 순수하고 착한 아이들이 많거든. 그 아이들을 교육할 수 있는 권한이 나에게 있다는 것이 큰 보람이고 축복이지."

나는 즐거운 표정으로 말하는 친구를 보며 속으로 생각했다.

'야, 너는 교사가 천성이야.'

나는 친구가 진심으로 아이들을 가르치는 일에 보람을 느끼고 행복해 한다는 것을 느꼈다. 그래서 친구에게 다시 질문했다.

"네가 학교라는 틀 안에서 큰 변화를 만들 수 없다면 다른 방향으로 만들어보는 건 어때?" 친구는 내 말의 뜻이 궁금하다는 듯 나를 바라보았다.

"나는 네가 아이들을 가르치는 일에 진정으로 긍지와 보람을 가지고 있다는 것을 알았어. 너의 가르침으로 인해 학생들의 변화하는 모습과 좋은 방향으로 성장한다는 사실에 네가 행복한 마음을 느낀다는 것도 알겠어. 하지만 학교라는 조직이 너의 교육 철학과 달리 보수적이라서 네가 스트레스를 많이 받는 것 같은데, 그렇다면 다른 방향으로 스트레스를 해소해보는 것은 어떠냐는 거지. 학교에서는 방침에 따라 학생들에게 최선을 다하고, 학교 밖에서 너의 교육철학을 펼칠 방법을 찾아보는 거야. 넌 내가 알기에 SNS를 전혀 하지 않는 것으로 알고 있고, 그렇다고 다른 취미생활도 별로 없잖아. 너의 뜻을 펼칠 수 있는 새로운 소통경험을 해보면 학생들에게 도움을 줄 만한 일들이 있을 것 같다는 생각이 들어. 예를 들면, 유튜브 계정으로 입시 정보 또는 면접 정보를 알려주면서 소통을 할 수 있지. 그리고 SNS 계정을 하나 만들어서 소통하는 선생님 컨셉으로 전국에 있는 모든 학생들과 대화를 나눌 수도 있어."

내 말을 귀담아 듣고 있던 친구는 신기한 표정으로 말했다.

"야, 그런 것도 있구나. 신기하다. 나는 오로지 나만의 울타리 안에서 나의 역량을 집중하자는 생각만 했었는데, 그러한 방법으로 내가 갖고 있는 교육철학을 표현할 수 있구나. 친구야, 고맙다."

친구는 유튜브 채널과 SNS 계정을 만들어 학생들과 원활하게 소통하고 있다. 온라인상에서 상담을 하니 학생들이 더욱 솔직하게 자신의 고민을 상담하는 등 학교에서 보던 모습과는 또 다른 새로운 면들을 알 수 있어 좋았다고 한다. 그리고 무엇보다 자신의 제자들이 졸업을 하더라도 꾸준히 소통할 수 있는 창구가 생겨서 행복하다고 한다.

미국의 심리학자 매슬로우의 욕구 이론이나 동기부여 이론을 굳이 들먹이지 않더라도 자신이 하고 있는 일에서 보람을 느낀다는 것은 매우 행복한 일이다. 하지만 보람을 느끼던 일도 익숙해지면 기쁨의 체감이 무뎌지고 생각지 못한 어려움을 만나면 보람보다는 회의감이 드는 것이 대체적인 사람의 본성이다. 우리가 공기의 소중함을 모르고 사는 것처럼 너무나 익숙하여 자신의 일에서 행복함을 찾지 못하고 회의적인 생각이 들 때, 자신에게 스스로 자문해 보자.

"내가 이 일을 통해 얻는 보람은 무엇인가?"

스스로에게 하는 이 질문은 일에서 얻는 보람을 재인식하게 해준다. 또한 우리가 일을 통해서 얻고 있는 것은 보람만이 아니다. 실제적인 삶을 영위하기 위해서 필요한 돈, 그리고 사람들의 미소, 감사의 말과 대화, 명예, 성취감 등 일을 통해 얻어지는 것들은 실로 다양하다. 긍정적인 눈길로 세상을 바라보면 작고 소소한 기쁨들이 곳곳에 있다는 것을 많이 발견하게 될 것이다. 그리고 세상을 조금 더 현실적으로 생각하게 해준다. 지금까지 큰 걱정 없이 삶을 영위할 수 있었던 것은 일을 했기 때문이다. 직장생활이 지금은 보람을 느낄 수 없다고 할지라도 돌아보면 입사했을 때의 기쁨, 어떤 업무에 대한 성취의 과정 등 일을 통해 느꼈던 보람이 자신의 인생에 어떻게 작용했는지를 생각해 보게 될 것이다. 이러한 모든 것들을 자신의 노력 여하에 따라 이 직장에서 계속해서 얻을 수 있다는 생각을 하면, 지금 처한 어려움이나 낮은 보람의 상태를 극복할 힘이 생길 것이다. 물론 자신의 힘으로는 어쩔 수 없는 경우도 있을 수 있다. 다시 말해서 현재는 물론 앞으로도 일을 통한 보람이나 성장의 가능성이 희박할 수도 있다. 그럴 때는 다른 직장을 찾아보는 것도 하나의 방편이지만, 현재의 직장에서 미래의 가능성을 찾는 것이 현실적으로 실현될 때가 더 많다.

단순하게 '보람이 없다', '즐거움이 없다'는 생각만으로 자신의 진로를 판단해서는 돌아올 수 없는 다리를 건넌 것처럼 치명적인 나락으로 떨어질 수도 있다. 확실한 결단이 없이 모호한 공상만으로는 지금의 상태를 벗어날 수는 없다는 말이다.

'지금 하는 일을 그만둔다면 나는 어떻게 될 것인가?'를 구체적으로 이미지화해서 깊이 생각하고 행동해야 한다. 자신이 이 일을 그만두더라도 새로운 일을 시작할 수 있을 만큼 도전적인 성향의 사람인지, 다른 일을 할 수 있는 자격증이나 자신을 원하는 곳이 있는지를 살피는 일은 반드시 생각해야할 문제이다.

보람이라는 것의 실제는 추상적이고 실체가 없는 그 무엇이다. 기준이나 형태가 없기 때문에 자신의 현재에서 찾지 못하며, 자신이 하는 일이 충분히 보람된 일임에도 이를 자각하지 못하고 다른 곳을 바라보고 있지는 않은가 생각해볼 일이다.

일의 본질 즉, 보람에 대한 질문을 스스로 하면서 현실적으로 자신의 삶을 돌아본다면 자신이 일을 그만 둔 상태와 그렇게 되었을 때의 대안을 구체적으로 이미지화해 볼 수 있다. 그러면 그동안 찾지 못하고 있던 현재 자신의 일에서 보람을 발견할 수도 있을 것이다.

"당신은 지금의 일을 통해 얻는 보람은 무엇입니까?"

당신은 언제 가장 매력이 있습니까?

우리는 '매력 있다'라는 말을 주로 외모에 기준을 두고 평가하는 경우가 있다. 또한 "저 사람은 볼수록 매력적이다."라는 말을 사용할 때가 있다. 이것은 외모에 기준을 둔 것이 아니라 매너, 목소리, 품격, 유머감각 등등 여러 가지 요인으로 인해 매력을 느끼는 기준이 달라진 것이다. 즉, 외모가 뛰어나지 않더라도 겪어보니 푹 끓인 사골처럼 매력이 우러져 나오는 사람들에게 사용한다.

일반적으로 잘 생긴 또는 예쁜 모습에 막연히 매력을 느끼는 경우가 많지만 만날수록 매력을 더해 가는 사람을, 나는 진짜 매력의 소유자라고 생각한다.

대한민국 영화계의 '흥행보증수표' 영화배우 유 해진은 명품 조연 배우다. 그는 출연한 영화에서 구수한 입담과 재치 그리고 깐죽거리는 캐릭터로 팬들에게 많은 즐거움을 준다. 하지만 그는 유머러스할 것 같은 외모와는 달리 실제로는 매우 조용하고 독서와 사색을 즐기며 음악 감상이 취미인 매우 신중하고 지적인 사람이라고 한다.

2010년, 자타공인 대한민국 최고의 스타 김혜수와의 교제를 발표하며 사람들을 깜짝 놀라게 했다. 항간에 들려오는 소문으로는 김혜수가 유해진에게 먼저 사랑을 고백했다고 한다. 지금은 헤어졌지만 김혜수는 유해진의 인간성을 가까운 곳에서 지켜보았고 마법처럼 그의 매력에 마음이 끌렸을 것이다.

우리 주변에도 외모적으로는 뛰어나지만 이상하게 눈길이 가지 않는 사람이 있고, 반대로 외모적으로는 뛰어나지 않더라도 왠지 모르게 관심이 가는 사람이 있다.

나에게도 몇 년 전, 서울에서 농구 동아리를 함께하며 알게 된 친구가 있다. 그는 잘생긴 외모여서 당연히 여자 친구가 있을 줄 알았는데 예상과는 달리 그에게는 여자 친구가 없었다. 나는 그와 자주 만나면서 이렇게 잘생긴 친구에게 왜 여자 친구가 없는지가 궁금했다. 하지만 나는 그를 자주 만나면서 그 이유를 짐작할 수 있었다.

그는 매사에 자신감이 없고 왠지 모르게 주눅이 들어있었다. 그리고 자주 "난 못해." "안 될 거 같아."라는 말을 습관처럼 하는 것이었다.

나는 그 친구에게 안타까움을 느꼈다. 그래서 어느 날 농담처럼 말했다.

"야, 미남. 너는 잘 생겨서 좋겠다. 잘 생겨서 좋은 때가 언제야?"

그는 얼굴이 빨개지고 화들짝 놀라며 말했다.

"야, 그런 말을 여러 사람 앞에서 다 들리게 하면 어떡해?"

나는 웃으며 말했다.

"왜, 누가 듣는다고 그래. 네가 생각하는 것처럼 사람들은 타인의 일에 관심이 없어."

나의 말에 그는 한참을 생각하더니 작은 목소리로 얘기했다.

"그런 적 없는 거 같아."

나는 다시 물었다.

"그럼 네가 매력적이라고 스스로 느끼는 순간은 언제야?"

그는 잠시 망설이더니 말했다.

"음, 너에게만 얘기하는 건데, 나는 보드게임을 좋아하고 내가 생각해도 잘하는 거 같거든. 10년 정도 했으니까. 그리고 보드게임을 할 때는 정말 자신감이 넘쳐. 또 보드게임을 잘 모르는 사람들에게 가르쳐 줄 때, 그 때는 내가 매력적이라고 느껴."

그 날 그 친구와 나는 게임 방에 갔다.

나는 보드게임에 관해서는 문외한이라서 옆 자리에서 게임하는 친구의 모습을 지켜봤다. 그리고 친구가 설명해 주는 대로 따라서 게임도 해보았다. 친구가 이해하기 쉽도록 잘 설명해줘서 정말 재밌게 게임을 즐길 수 있었다. 게임이 끝난 후, 나는 그에게 말했다.

"야, 게임 방에서 보드게임 설명해 줄 때, 너 진짜 매력 있더라. 네가 설명을 너무 잘 해주어서인지 정말 재밌게 게임을 할 수 있었어. 고마워."

그는 활짝 웃으며 말했다.

"고마워, 민창아. 나도 네 덕분에 내가 진정으로 매력적인 순간이 언제인지 고민해볼 수 있었던 것 같아."

나는 친구를 바라보며 웃으며 말했다.

"넌 그거 말고도 훨씬 더 많은 매력이 있어. 그리고 매력을 사람들 앞에서 드러내는 것은 부끄러운 일이 아니야. 매력은 숨기지 말고 발산해야지. 친구로서 너에게 조언 하나 해도 괜찮지?"

그는 궁금하다는 듯 나를 쳐다보았다.

"내가 하고 싶은 말은 너한테 스스로 이렇게 자문했으면 좋겠어. 내가 갖고 있는 매력이 무엇일까라고 말이야."

그는 고개를 끄덕이며 말했다.

"그래, 너의 조언 무슨 뜻인지 이해해. 솔직히 나는 "남자가 자신감이 없다" "자존감이 낮아 보인다"라는 말을 많이 들었어. 그런데 너를 통해 나를 다시 한 번 돌아볼 수 있게 됐어. 정말로 고마워."

많은 사람들이 자신의 장점과 매력을 남들 앞에서 잘 드러내지 않는다.

"튀면 안 된다", "겸손해야 된다."는 인식이 뿌리 깊게 자리 잡고 있기 때문에 그럴 수도 있겠지만, 자신의 매력과 장점은 많은 사람들에게 드러내 보이는 것이 지금의 시대를 잘 사는 방법이라고 생각한다. 과하지 않게 자신의 매력과 장점을 어필하는 것이 시대의 트렌드가 아닌가?

매력이 있는 사람들은 자기 자신의 매력을 스스로 파악하고 자기 자신을 사랑하는 사람들이다. 이런 사람들의 특징은 자존감이 높고 매사에 긍정적이다. 반면, 외모가 뛰어나더라도 매력이 없는 사람들은 자기 자신의 매력을 잘 모르고 자기 자신을 비하하는 경향이 있다. 이런 사람들의 특징은 자존감이 낮고 매사에 부정적이다. 세상에는 외모 말고도 자신을 어필할 수 있는 요소들이 많다. 그리고 자신의 숨어있는 매력을 확인하는 가운데 어떤 것에도 흔들리지 않는 자존감이 형성된다. 지금 자기 자신에게 자문해 보자.

"내가 가장 매력적이라고 느끼는 순간은 언제인가?"

당신의 목표는 무엇입니까?

'나의 목표는 무엇인가?'

이 질문은 누구라도 스스로에게 자주 자문해야 하는 매우 중요한 질문이다.

2016년, 하버드 경영대학원 졸업생을 대상으로 설문조사를 했다. 졸업생들에게 제시된 문장은 다음과 같다.

'장래 목표가 명확하게 설정되어 있는가?'

'자신의 목표를 성취할 수 있는 구체적인 계획이 있는가?'

졸업생들은 위와 같이 예시된 질문에 대하여 다음의 세 가지 항목 중에서 선택할 수 있었다.

- 아무런 계획을 세워두지 않았다.
- 목표를 세웠으나 기록하여 두지 않았다.
- 목표를 세우고 기록하였다.

이 설문조사에서 하버드 경영대학원 졸업생의 3%는 목표를 명확히 세우고 기록해 놓았다고 답변했고, 13%는 목표는 세웠으나 기록하지는 않았다고 답변했다. 그리고 나머지 84%는 아무런 계획을 세우지 않았다고 했다.

세계 최고 대학의 대학원생이라면 자신의 인생에 대해 구체적인 계획을 세웠을 것이라고 많은 사람들은 생각하였지만, 조사결과, 약 16%만이 자신의 목표에 대한 계획을 세웠다고 답변을 한 것이다. 그리고 10년 후, 학교에서는 설문조사에 참여한 졸업생들의 삶을 추적하여 성공여부를 조사하였다. 결과는 어떠했을까?

본론부터 말하자면, 목표설정을 했느냐 하지 않았느냐에 따라 소득의 격차 또한 많은 차이가 있었다. 목표를 세웠으나 기록하지 않았던 13%의 학생들은 목표를 세우지 않았던 84%의 학생들에 비해 평균 2배 이상의 차이를 보였고, 목표를 세우고 기록까지 했던 3%의 학생들은 목표를 세우지 않았던 84%에 비해 10배 이상 소득의 차이가 있었다고 한다.

이 조사에서 알 수 있는 것은, 보편적으로 우수한 인재라고 단언해도 될 하버드 대학원생들에게서도 유의미한 인생의 격차가 나는 가장 큰 이유는 바로, 명확한 목표 설정과 구체적인 기록, 즉 '계획표'였다는 것이다.

"당신의 목표는 무엇인가요?"

이와 같은 질문에 자신이 계획하고 있는 목표를 명확하게 설정한 사람은 목표를 지속적으로 생각하고 그 목표를 이루기 위해 꾸준히 노력하고 행동하는 사람일 가능성이 많다. 그렇다면 당연히 그런 사람일수록 성공할 확률이 높지 않겠는가.

최근 모교 강연을 갔을 때 한 재학생으로부터 진로상담을 요청 받은 일이 있다. 참고로 내가 졸업한 학교는 졸업과 동시에 취업이 보장되기 때문에 다른 학교에 비해 취업에 대한 고민을 상대적으로 크게 하지 않는다고 할 수 있다. 그런데 그 학생은 어떤 고민으로 나에게 진로상담을 요청한 것인지 궁금했다. 잠시 후, 그 학생과의 상담 자리에서 이야기를 들어볼 수 있었다.

학생의 고민은 크게 두 가지로 요약할 수 있었는데, 첫 번째는 자신이 궁극적으로 하고 싶은 일이 전문 청소년진로상담사라는 것이다. 하지만 그러한 직업에 종사하기 위해서는 심리학, 청소년 관련 교육학 등을 공부하며 내실을 쌓아야하는데 직장생활을 하면서 이 분야에 대한 공부를 병행할 수 있는지, 더구나 직장 생활을 아직 시작하지도 않았는데 너무 빠른 시기에 미래에 대하여 생각하는 것은 아닌지 고민이라고 했다. 그리고 또 다른 고민은 자신이 원하는 일을 하려다 실패했을 때, 그와 관련된 두려움을 극복하는 방법이 궁금하다고 했다.

나는 학생과 진로상담 대화를 하면서 목표가 매우 구체적이라는 것을 느낄 수 있었다. 내가 생각하기에 학생은 이미 그런 일에 종사하려면 어떤 종류의 관련 자격증이 필요한지 그리고 대학은 어떤 학과를 선택해야하는지 등을 생각해놓았던 것이다. 나는 학생에게 너무 다급하게 생각해서 걱정을 하지 말고 학생이 원하는 일을 직장생활을 하면서도 충분히 병행할 수 있다는 점을 말해줬다. 그리고 여유를 갖고 선택의 순간이 왔을 때 후회하지 않는 선택을 했으면 좋겠다는 상담을 했다. 학생은 친절한 상담에 감사하다는 인사를 하며 자신이 청소년진로상담사가 장래 목표인 이유를 말했다.

학생은 중학교 때까지만 하더라도 장래에 대한 목표나 꿈이 없었다고 한다. 그런데 중학교 3학년 담임선생님이 어느 날 자신에게 인생의 목표를 물어봤다고 한다. 하지만 그런 질문을 처음 들어봤기 때문에 그 때는 선생님께 아무런 대답을 못했지만, 선생님의 그 물음이 머리에서 떠나지 않고 항상 남아있었다고 한다. 때문에 자신의 진로에 대한 고민을 많이 했으며, 자신의 꿈을 항상 마음에 담고 있었다고 한다.

지금은 그 학생이 어떻게 지내고 있는지는 잘 모르겠지만 분명 자신의 목표를 향해 꾸준히 나아가고 있을 것이라는 확신이 든다. 왜냐하면 학생은 선생님의 "너의 목표는 무엇이냐?"라는 물음을 항상 가슴에 담고 생활하기 때문이다. 명확한 목표를 이루기 위해 열심히 노력하니 학생의 목표는 반드시 이루어질 수밖에 없을 것이다.

〈죽음의 수용소에서〉의 저자 빅터 프랭클은 "왜 살아야하는지 목표가 있는 사람은 그 어떤 상황도 견딜 수 있다."고 말했다. 아우슈비츠에 수감된 대부분의 유대인은 살아서 돌아오지 못했지만 그 곳에서 살아남은 극소수의 사람들이 있다. 그들을 살린 것은 바로 인생의 뚜렷한 목표였다. '반드시 살아남아서 가족을 만나겠다.' '이 곳을 반드시 탈출하여 다시는 이 같은 일이 있어서는 안 된다는 것을 세상에 알려야 한다.' 등과 같은 목표들이 그들의 가슴속에는 있었던 것이다.

명확한 목표가 성공적인 삶을 가능케 한다. 그리고 목표가 있는 인생이 행복한 인생을 만든다.

"당신의 목표는 무엇입니까?"

자신에게 주어진 환경을
어떻게 활용할 수 있습니까?

나는 사람들과 어울려 농구 경기를 직접 하는 것도 즐기지만 시간이 날 때, 직접 농구 경기장을 찾아 경기를 관람하는 것 또한 매우 좋아한다. 농구에는 5개의 포지션이 있는데 특히, 포인트 가드 포지션이 제일 멋지다고 생각한다. 포인트 가드는 경기의 흐름을 조율하고 팀원들의 능력을 극대화시키는 역할을 한다. 쉽게 말해서 코트 위의 사령관인 것이다. 때문에 나는 국내 농구에서는 김승현 선수를 좋아하고 NBA에서는 스테판 커리를 좋아한다. 스테판 커리는 근육질의 장신들이 우글거리는 NBA 농구에서 코트를 호령한다.

김승현과 스테판 커리, 두 선수의 공통점은 농구 경기에서 절대적으로 필요한 신장과 체격 면에서 다른 선수들에 비해 부족하다는 것이다. 하지만 김승현은 2007년 데뷔하여 그해 신인왕과 MVP를 석권했다. 스테판 커리 역시 작은 키와 왜소한 몸집으로 대학 시절 "저런 체격으로는 NBA에서는 통할 수 없다"는 부정적인 평가를 들었지만 세계 최고의 리그 NBA에서 두 시즌 연속 MVP의 영예를 차지했다.

'두 선수의 공통점은 무엇일까?' 그들은 키가 작고 체격이 왜소하다는 공통점도 있지만, 자신에게 주어진 불리한 환경에서 자신만의 장점을 백분 활용했다는 것이다.

김승현은 178센티의 단신이지만 누구보다 코트 내에서 시야가 넓다. 즉 코트 비전이 좋다는 것이다. '저기서 패스를 할 수 있겠어?' 라고 생각할 때, 빈 곳을 찾아서 정확하게 패스를 찔러 넣어준다. 그의 이러한 활약덕분에 그와 함께 경기를 하는 같은 팀 선수들의 평균득점이 상승하고 상대편은 그의 놀라운 패스능력에 속수무책 상태가 된다. 상대팀의 감독조차도 "그는 최고의 포인트가드"라며 엄지손가락을 치켜세운다. 김승현 선수는 지금은 은퇴했지만 대한민국 농구 사에 있어서 역대 포인트 가드 NO.1을 꼽을 때면 항상 김승현의 이름이 거론된다. 스테판 커리는 공룡과 같은 체격을 가진 선수들이 득실득실한 NBA리그에서 '3점 슛'으로 레전드가 된 선수다. 그의 놀라운 슈팅력은 NBA에서 3점 슛에 대한 새로운 반향, 즉 센세이션(Sensation)을 불러일으켰다. 스테판 커리는 3점 슛은 라인 근처에서 시도하는 것이 가장 효율적이라는 기존의 통념을 뒤엎고, 라인 밖 2~3미터 뒤에서 슛을 쏘아 올리는 것은 물론이고 수비가 앞을 막아도 아랑곳하지 않고 자신의 리듬대로 슛을 쏜다. 상대 팀의 집중 수비에도 불구하고 40%가 넘는 경이적인 3점 슛 성공률을 보여주며 돌파와 골밑 싸움이 관전 포인트이던 NBA의 트렌드 자체를 바꿔놓았다.

농구는 운동능력과 신체가 절대적으로 필요한 스포츠다. 아마도 김승현과 스테판 커리는 처음 농구를 시작할 당시에는 주변의 부정적인 시선들에 힘들어했을 것이다.

"그 작은 신장으로 무슨 농구를 해?"

"너보다 키 크고 빠르고 탄력 좋은 선수들이 첩첩산중인 곳이 프로의 세계야. 그 체격으로 통하겠어?"

하지만 그들은 자신들이 목표한 것을 향해 피나는 노력을 했을 것이다.

'내가 남들보다 뛰어난 점이 무엇일까?'

'신체적인 약점을 어떻게 농구에서 활용할 수 있을까?'

그들은 그것을 극복하기 위해 끊임없이 스스로 질문하며 고민했고 그것을 극복하기 위해 노력했을 것이다. 그 결과 그들은 최고의 선수가 될 수 있었다.

현대건설 창업주인 고 정 주영 회장도 이러한 질문을 통해 많은 역사를 일구어낸 인물이다. 그에 관한 유명한 일화가 있기에 소개하고자 한다.

1970년대 초, 정 주영 현대건설 회장은 청와대 뒤뜰에서 박정희 대통령과 조선소의 설립에 대하여 논의를 하고 있었다. 포항제철의

준공을 눈앞에 둔 시기였기 때문에 포항제철에서 생산되는 철강재를 대량으로 소비해줄 또 다른 산업이 필요했던 것이다. 정 주영 회장은 조선업에 대해선 잘 알지 못했지만, 대통령에게 조선소 사업을 진행해보겠다고 약속한다. 하지만 산적한 문제들이 너무도 많았다. 가장 큰 문제는 자금이었다. 당시 국가 예산이 부족했기 때문에 정부의 지원을 받는 것은 불가능한 일이였고 외국에서 차관을 들여와야 했는데, 다른 나라로부터 차관을 얻어내기란 하늘의 별을 따는 것만큼 어려운 일이었다. 그것은 우리나라의 경제사정이 너무나 열악했기 때문에 한국을 믿고 자금을 빌려줄 나라가 없었기 때문이다.

정주영 회장은 영국 은행의 문을 두드려보기로 결심한 후 1971년, 영국 선박 컨설턴트 기업인 A&P 애플도어에 사업계획서와 함께 추천장을 써줄 것을 의뢰했지만, 추천장을 써줄 수 없다는 답장을 받았다. 하지만 냉정한 거절에 포기할 사람이 아니었다. 정 주영 회장은 조선소를 세울 부지인 울산 미포만의 황량한 모래밭을 찍은 흑백 사진과 500원짜리 지폐(당시에는 500원 단위의 지폐가 발행되었다)를 들고 영국으로 가서 A&P 애플도어의 찰스 롱바톰 회장을 직접 만나서 다시 한 번 상담했으나 "현대건설의 상환능력과 잠재력, 그리고 한국 정부의 능력으로는 추천장을 써주기는 힘들다."며 매몰차게 다시 거절한다. 그 순간, 정 주영 회장은 바지 주머니에 들어 있던 500원짜리 지폐를 꺼내 보이며 말했다.

"한국의 500원 지폐에 있는 이 그림은 거북선이라는 배입니다. 철로 만든 함선이지요. 영국은 한국 조선업의 역사가 1800년대부터라고 알고 있다는 이야기를 들었습니다. 하지만 한국은 영국보다 300년이나 앞선 1500년대에 이 철갑선을 만들어냈고, 이 거북선으로 전쟁에서 일본을 물리쳤습니다."

롱바톰 회장은 의자를 당겨 앉으며 정 주영 회장이 내민 지폐를 꼼꼼히 살펴보며 물었다.

"정말, 당신네 선조들이 실제로 이 배를 만들어 전쟁에서 사용했다는 말입니까?"

그러자 정주영 회장은 진심어린 눈빛으로 롱바톰 회장을 보며 말했다.

"그렇습니다. 바로 우리 조선의 장군 이순신이 만든 배입니다. 한국은 유구한 역사와 우수한 능력이 잠재되어 있는 나라입니다. 비록 산업화가 늦어졌고 그로 인해 많은 아이디어가 묻혀 있지만 잠재력만은 충분한 나라입니다. 우리 현대건설도 자금만 확보된다면 훌륭한 조선소와 최고의 배를 반드시 만들어낼 것입니다. 회장님, 추천장을 써주십시오. 간곡히 부탁드리겠습니다."

롱바톰 회장은 잠시 생각한 후 정 주영 회장을 바라보며 말했다.

"거북선도 대단하지만 당신은 더욱 대단한 사람입니다. 당신이 정말 좋은 배를 만들기를 응원하겠습니다. 추천장을 써드리지요."

당대 최고의 전문가들이 심혈을 기울여 만든 프레젠테이션과 사업계획서에도 절대불가의 입장을 밝혔던 롱바톰 회장의 마음을 움직인 것은 500원짜리 지폐 한 장이었다.

정 주영 회장은 어떤 힘든 상황에서도 '안 된다.'는 생각을 하지 않았고 '지금 주어진 환경을 어떻게 활용할 수 있을까?'라는 질문을 스스로에게 했다. 이것은 상대의 고정관념을 깨는 생각을 함으로써 계약을 성공적으로 체결한 좋은 사례라고 생각한다.

대화를 하다보면 매우 좋은 환경에서도 그 환경을 활용하기는커녕 불평불만을 하는 사람들을 볼 수 있다.

"여기서 내가 무엇을 할 수 있겠어."

"지금 상황이 너무 좋지 않아서…"

성공한 사람들은 모든 걸 갖추고 있었기에 성공한 것이 아니다. 그들은 부족한 상황에서도 "어떻게 하면 이 환경을 활용할 수 있을까?"라고 스스로에게 자문했고, 새로운 시선으로 희망을 바라보았기에 그 상황을 극복할 수 있었던 것이다.

〈잃어버린 시간을 찾아서〉를 저술한 프랑스의 소설가 마르셀 푸르스트는 말했다.

"진정한 탐험은 새로운 땅을 찾는 것이 아니라 새로운 시선을 갖는 데 있다."

지금 내게 주어진 환경에 불평불만을 하기보다, 이 환경을 어떻게 활용할 것인가를 고민해보자. 그렇다면 분명히 희망의 빛을 발견할 것이다.

성취한 일 중
가장 만족했던 일은 무엇입니까?

성취(成就)는 '목적한 바를 이루다'라는 뜻이다. 그렇기에 성취라는 단어는 긍정적인 의미로 쓰이는 경우가 많다. 사람은 자신이 목적했던 바를 성취하는 모습을 생각하며 열정적인 감정으로 또 다시 앞으로 나아갈 원동력을 얻는다. 지금까지 나는 훌륭한 사람들을 많이 만났고, 그들의 도움으로 성장할 수 있었다. 마음깊이 감사한 마음을 간직하고 있다. 이런 행운이 예전에는 내가 운이 좋기 때문이라고 생각했는데 돌이켜보니, 그 분들과의 대화 자리에서 했던 나의 좋은 질문이 좋은 인상으로 인식시켰기 때문이라는 생각이 든다.

2년 전, Z은행 대학의 원장님을 우연한 기회에 알게 되었고 어느 날 직접 찾아갔었던 일이 있다. 원장님은 Z은행 신입사원 연수를 총

괄할 뿐만 아니라 사내 강사 양성을 위한 업무를 총책임지고 있었다. 나는 당시 초보 강연자에 불과했고, 그 분은 30여 년 동안 강연을 한 명망있는 전문가였다. 나는 원장님께 정중하게 인사를 드린 후 마주 앉아 가벼운 대화를 하며 분위기를 풀어갔다. 어느 정도 교감이 생겼다는 생각이 들었을 때, 나는 원장님께 질문을 던졌다.

"원장님께서는 청중의 마음을 사로잡는 명 강연자로서 자타가 인정하는 명강사가 되셨습니다. 초보강사인 제 입장에서는 솔직히 부럽다는 생각이 듭니다. 그래서 원장님을 만나 뵙게 되면 꼭 여쭤보고 싶은 것이 있었습니다."

원장님은 처음 만난 자리에서 이런 질문을 던지는 어린놈이 당돌하다고 느끼셨는지 호기심어린 시선으로 웃으며 말했다.

"그래요? 나한테 무엇이 그렇게 궁금하던 가요."

"예, 질문을 허락해 주셔서 감사드립니다. 원장님께서는 지금까지 지내오시면서 계획하신 많은 것을 이루셨을 것이라는 생각이 듭니다. 하지만 그 중에서도 가장 만족스러운 성취는 무엇이라고 생각하십니까?"

한참을 골똘히 생각하던 원장님은 다음과 같이 말했다.

"그래요, 참 많은 생각이 들게 하는 질문이군요. 권 군 같은 이십대 시절부터 현재의 나를 다시 돌아보게 하는 질문이라는 생각이 들어요. 나는 한 때, 지금의 위치에 오른 것이 스스로 치열하게 노력하였으니 당연한 일이라고 생각했었지요. 하지만 돌이켜보니 그게 아니라는 것을 깨달았어요. 이십여 년 전에 행복에 관한 책을 발간했었지요. 그 책은 많이 판매되었고 젊은 나이에 베스트셀러 작가가 되고 보니 인터뷰 요청도 많이 들어왔어요. 공중파 방송에서도 연락이 왔지요. 무려 한 시간이나 방송되는 프로그램이었는데, 당시 상당히 인기가 있었어요. 난 드디어 내 인생에 기회가 왔다고 생각했지요. 그래서 정말 설레는 마음으로 방송출연 준비를 했어요. 그런데 문제가 생겼지. 당시 온 국민이 열광하는 분위기에서 올림픽이 한창 진행되던 시기였는데 내가 전국으로 전파를 타는 그 날, 예상치 못한 종목에서 어느 선수가 결승전에 진출하여 금메달에 도전하게 되었지요. 내가 출연할 생방송 프로그램은 그 선수의 경기를 방송하느라 결방하게 됐지요. 그때 나는 내가 알고 있는 많은 사람들에게 나의 방송출연 소식을 전하고 전국적으로 방송이 되는 순간을 기다렸는데, 참 상심이 컸어요. 내 인생에서 다시 찾아오기 힘든 좋은 기회라고 생각했거든요. 그런데 한 편으로는, '내가 지금 진정 사람들의 관심을 받을만한 실력을 갖추고 있는 것일까?' 하는 생각이 듭디다. 당시 내 나이가 30대 초반이었으니 지금 생각해도 내면적으로 덜 성숙했다는 생각이 들어요. 그래서 나는 방송국에서 돌아오는 길에 생각했지요. 오히려 이 상황이 진정으로 다시 한 번 나를 돌아볼 수 있는 기회가 될 수 있지 않을까라고 말이요, 즉, 생각의 관점을 바꾼 거지요. 그러니 마음이 편해지더군. 올림픽이 끝나고 다시 방송사에서 연락이 왔는데, 이제는 결방되는 일이 없을 것이니 다시 스케줄을 정하여 촬영하자고 하더군. 내가 뭐라고 했을 것 같아요? 담당자에게 아직 부족한 것이 많아서 좀 더 내실을 쌓은 후 방송에 나가는 것이 좋겠다고 정중히 거절했어요. 지금 돌이켜보면 그 때의 결정이 나를 살렸다고 생각해요. 지금도 그렇지만 방송에 출연해서 사람들에게 이름이 알려져서 출세했다고 생각되던 사람들이 어느 날 보면, 제 자리를 찾지 못하고 대중들의 관심에서 사라지고 말지요. 대중들의 눈은 정말 무섭고 날카롭다는 것을 알아야 해요. 잠시 인기를 얻는 것은 흔히 있을 수 있는 일이지만 지속적으로 그것을 지탱해 줄 실력과 능력이 없다면 한 순간에 침몰해버리지. 나는 그 때의 결정이 나 스스로 참 잘한 결정이었다고 생각해요. 하하… 이런, 내가 너무 길게 말했나? 권 군의 질문에 대답하다보니 이야기가 길어진 것 같아요. 말을 할 수밖에 없게 만드는 좋은 질문이라는 생각이 드는군. 하하"

나는 원장님의 말씀을 들으며 많이 느꼈다. 나도 유명해지고 성공하고 싶다는 욕구가 무척 강했다. 가령, 내가 지금 가진 것들을 다 포기할지라도 유명해질 수 있는 기회가 찾아온다면 그것을 놓치고 싶지 않을 정도로. 그런데 원장님의 말씀을 들으며 '내려놓는 용기'도 필요하다는 것을 느꼈다. 나는 원장님께 솔직하게 말씀드렸다.

"원장님, 사실 저는 유명해지고 싶습니다. 강연도 잘 하고 싶고, 글도 꾸준히 쓰고 싶고, 돈도 많이 벌고 싶습니다. 하지만 원장님의 말씀을 들으면서 제 생각에 문제가 있다는 것을 느꼈습니다. 저 역시 지금의 상황에서 착실히 내실을 키우고 꾸준히 준비해서 원장님처럼 진정 자신을 돌아보고 내려놓을 줄도 아는 사람이 되어야겠다는 생각을 했습니다."

원장님은 환하게 웃으며 말했다.

"권 군, 지금 내 앞에서 30분 정도 강연을 할 수 있겠나? 내가 피드백을 주고 싶네."

그 때, 떨리는 마음으로 원장님 앞에서 강연을 했고 원장님은 나의 시범강연을 신중하게 들은 후 세심하게 조언을 해주었다.

"몸이 좌우로 많이 흔들린다.", "습관적으로 사용하여 반복되는 단어가 많다.", "마음이 조급하니 여유가 없어 보인다.", "말의 흐름이 일정하지 않다." 등등.

나는 원장님이 지적해 주시는 피드백들을 즉시 노트에 기록했다. 기록하는 모습이 대견했는지 원장님은 앞으로 강연 피드백을 받고 싶으면 언제든지 찾아와도 된다고 하셨다.

그 후로 뵌 적은 없지만, 덕분에 이제는 사람들 앞에 서는 일에 여유가 생겼고 좋지 않은 버릇들도 많이 고칠 수 있었다.

지금 생각해도 내가 원장님께 무작정 "강연을 잘하고 싶은데 어떻게 해야 할까요?" 같은 두서없는 질문들을 했다면, 과연 원장님께서 나에게 그토록 많은 시간을 할애해주셨을까? 내가 원장님께 물은 질문,

"살아오며 가장 만족스런 성취는 무엇입니까?"

이 질문은 나 자신에게도 매우 중요한 질문이다. 내 삶 전체를 돌아보며 내가 이룬 성취들을 되짚어볼 수 있기 때문이다. 그 성취를 돌

아보는 가운데 내가 남들보다 뛰어난 숨은 강점을 발견할 수도 있고, 생각지도 못했던 기회와 사람들을 만날 수도 있다.

하버드대학교 심리학과 교수 테리사 어마빌레는 15년간 직장 문화를 연구한 후, 다음과 같은 결론을 내렸다.

"직원들의 행복을 파괴하는 가장 빠른 방법은 성취감을 용납하지 않는 것이다."

높은 연봉, 안정적인 복지 혜택, 여유로운 삶이 보장되는 근무조건이 있더라도 '성취감'을 느낄 수 없다면 행복하지 않다는 것이다. 이토록 '성취'라는 것은 우리 삶의 큰 부분을 차지한다. 자신의 삶을 돌아보고 그 가운데에서 행복을 느끼고 싶다면 스스로에게 자문해 보자.

"내가 성취한 일 중 가장 만족할 만한 일은 무엇일까?"

닮고 싶은 존경하는 인물은 누구입니까?

　　자신이 존경하는 인물을 항상 마음속에 간직하고 스스로 자문하는 것이 중요한 이유는, 그 사람의 가치관이 자신의 가치관에 직결되고 또 그 질문으로 인해 자신이 갖고 있는 가치관을 다시 한 번 돌아볼 수 있는 기회가 되기 때문이다.

　　나에게는 중학생 시절부터 친한 친구가 있다. 그 친구의 꿈은 경찰공무원이었으며 대학도 경찰행정학과를 선택했다. 그는 대학을 졸업하고 경찰공무원 채용시험에 몇 번 응시했지만 연속적으로 불합격이 되자, 자존감이 많이 낮아진 것 같았다. 그러한 모습을 지켜보기에 친구로서 안타까웠다.

　　어느 날 친구는 나에게 전화를 해서 자신은 경찰이 될 자격이 없는 것 같다고 말했다. 그 이유를 들어보니 자신이 경찰이 되기 위해 갖춰야 할 기본적인 소양에서조차 합격하지 못하는데 어떻게 경찰이 되겠냐며 스스로를 자학하는 것 같았다. 나는 친구에게 "야, 너는 지금 충분히 노력하고 있잖아. 그러니. 조금만 더 힘내자."라는 말을 해주려고 하였지만 위로의 말 대신 다음과 같은 질문을 그 친구에게 했다.

"네가 가장 존경하는 사람은 누구야?"

나의 갑작스런 질문에 친구는 당황했는지 잠시 침묵이 흐른 후에 말했다.

"나는 우리 아버지를 가장 존경해. 그 이유는, 우리 아버지는 주변 사람들에게 우직한 사람이라는 소리를 많이 들어. 나도 그렇게 생각하고 있지. 책임감도 강하셔서 맡은 일이 있으면 끝까지 포기하지 않고 해내시거든. 나는 아버지의 그런 면을 닮고 싶어."

친구의 말을 듣고 내가 말했다.

"그래, 내가 보기에도 너의 큰 장점은 우직함인 거 같아. 그리고 내 친구지만 네가 대단하다고 생각하는 이유는 너는 어릴 때부터 한 번도 꿈이 흔들리지 않았잖아. 대학에 갈 때도 열심히 공부해서 경찰행정학과에 입학했으니까. 나는 네가 실패에 너무 연연하지 말고 네가 되고픈 경찰의 모습을 상상하며 좀 더 힘을 냈으면 좋겠다. 너는 항상 노력하는 사람이니까 분명 좋은 결과가 있을 거야."

그 통화가 있은 후, 일 년 후에 친구는 경찰공무원이 되었다. 그는 현재 부천에서 경찰관 생활을 하고 있다. 자주 연락하지는 못하지만 이따금 연락을 하면, 지금도 너의 그 질문과 격려 덕분에 자신을 한 번 더 돌아볼 수 있었다며 항상 고마운 마음을 갖고 있다고 말한다.

존경(尊敬)이라는 단어의 의미는 '남의 인격, 사상, 행위를 받들어 공경함'이라는 뜻이다. 가슴속에 존경하는 인물을 간직한 사람의 삶은 아름답고 가치가 있으며 풍요롭다. 그들의 삶은 존경하는 인물을 본받으며 자신이 꿈꾸는 목표에 대한 원동력을 얻는다.

알리바바는 중국 전자상거래 시장에서 80%에 이르는 점유율을 차지하고 있는 중국 최대 전자상거래 업체다. 매일 1억 명 이상이 물건을 구매하기 위해 알리바바를 찾는다. 중국 내 택배물량의 70%가 알리바바 관련 회사를 통해 거래될 정도라고 한다.

16년 전, 창업주 마윈이 직원 18명으로 시작한 알리바바 닷컴은 현재 2만5천여 명의 직원이 일하고 있는 알리바바 그룹으로 성장했다. 알리바바는 중국의 아마존을 자처하며 11월11일을 '중국판 블랙프라이데이Black Friday'로 선언하고 중국 경제 판도를 좌지우지하고 있다. 검은 금요일이란 뜻의 블랙프라이데이는, 연말에 재고를 남겨 보관이나 관리를 하기 위해 자금을 소모하느니 차라리 싸게 팔아 재고를 남기지 말자는 판매자들의 심리와 두둑한 연말 보너스를 받아서 소비할 곳을 모색하던 소비자들의 구매욕이 맞물려서 벌어지게 된 현상이다. 미국에서는 연중 가장 큰 규모의 쇼핑이 행해지는 날이며, 11월의 넷째 주 목요일인 추수감사절 다음날이 미국의 블랙프라이데이

Black Friday이다.

중국 내에서 알리바바를 통해 이뤄지는 거래량은 중국 총생산 (GDP)의 2%에 달한다. 알리바바 그룹의 창업주 마윈은 2019년 스스로 회장직을 사퇴하고 자선봉사사업, 특히 교육사업에 전념하겠다는 뜻을 기자회견을 통해 발표했다.

아시아권의 세계적 거부 마윈 회장은 중국 지방도시의 영어교사 출신으로 인터넷을 활용한 마케팅 경영으로 아시아 최고의 재벌이 된 인물이다. 그는 오십 대 중반의 나이로 한창 사업에 매진할 젊은 나이임에도 불구하고 능력 있는 젊은 사람들에게 자신의 뜻을 전수하며 알리바바 그룹에서 손을 떼고 진정으로 자신이 하고 싶은 꿈을 펼치기 위해 중국의 시골지역 교육사업에 투신하기로 결심한다. 그가 교육 사업에 투신한 이유는, 존경하는 인물 빌 게이츠를 닮고 싶기 때문이다. 마이크로소프트사의 창업주 빌 게이츠는 세계 최고의 부자이며, 그는 현재 어려움에 처한 사람들을 돕는 일과 난치병 연구를 지원하는 사업을 하고 있다.

나는 그들이야 말로 진정 '노블리스 오블리제(noblesse oblige)'를 실천하는 인물이라고 생각한다. '노블리스 오블리제'는 사회적 지위에 상응하는 도덕적 의무를 의미하며, 초기 로마시대 왕과 귀족들이 보여준 투철한 사회적 도덕의식과 솔선수범하는 공공정신에서 비롯되었다. '노블리스 오블리제' 정신이야말로 계층 간의 대립을 해결할 수 있는 최고의 수단이다. 이렇듯 마음속으로 존경하는 인물을 간직하고

있다는 것은, 세상은 아름다운 곳이라는 긍정적인 마음을 갖게 하고
'노블리스 오블리제(noblesse oblige)'를 실천하게 하는 원동력이 된다.
또한 자신의 꿈을 향해 내공을 쌓을 수 있는 계기를 마련해준다. 나는
여러분에게 묻고 싶다.

"당신이 닮고 싶은 존경하는 인물은 누구입니까?"

자신의 결정을
후회하지 않을 수 있습니까?

사람은 감정의 동물이다. 그러므로 우리는 감정의 기복으로 인하여 기쁨과 슬픔을 반복하면서 살아가고 있다. 감정을 조절하지 못해 일어나는 부정적인 결과들을 우리는 주변에서 자주 듣기도 하고 또한 직접 겪기도 한다. 다른 사람에게는 마음을 넓게 가져야된다고 말하지만, 막상 나 자신이 부정적인 상황에 처하게 되면 감정을 조절하지 못해 일을 그르치기도 한다. 그렇기에 우리는 냉철하게 자신에게 질문을 던져야 할 필요가 있다. 감정적으로 흔들리는 상황에서 "자신의 결정을 후회하지 않을 수 있습니까?"라는 질문이 우리에게 주는 몇 가지 효과를 한 친구의 예를 들어 알아보기로 하자.

어느 날 친구에게서 전화가 왔다. 그는 첫마디부터 무척 화가 난 목소리였다.

"민창아, 나 내일 회사에 사직서 쓰고 그만 둘 거야!"

"야, 갑자기 그게 무슨 말이야. 자초지종(自初至終)을 이야기 해봐.

친구의 이야기를 들어보니 직장의 어느 상사가 매번 별 것 아닌 일로 자신에게 화를 내며 질책을 한다는 것이다. 때문에 이제는 도저히 참을 수 없다면서 회사를 때려치우고 다른 회사로 이직을 하려고 한다는 말이었다. 나는 친구의 상한 마음을 헤아려 위로를 해야 했지만 위로를 하기보다 그 친구에게 물었다.

"너, 그 결정 후회하지 않을 자신 있어?"

내가 그렇게 묻자, 수화기 건너편의 친구는 아무 말도 하지 못했다. 사실 내가 생각해도 그 친구가 다니는 회사는 높은 연봉과 다양한 복지혜택으로 다른 친구들의 부러움을 받았기에 나는 그렇게 물었던 것이다. 나는 그 친구가 회사를 그만두지 못한다는 것을 짐작할 수 있었다. 그 이유는, 친구는 화가 가라앉으면 곧 자신의 현실을 생각해 볼 것이기 때문이다.

그는 결혼하면서 무리해서 신혼집을 마련했다. 아파트 대출금이 매월 백 여 만원 넘게 지출되고 있고 또한 저축해놓은 돈도 없다. 그리고 3개월 후면 아기가 태어난다. 이 상황에서 자신이 마음에 안 든다고 홧김에 직장을 그만 둔다면 삶이 더욱 힘들어진다는 것은 예상할 수 있는 일이다. 여기까지 생각한다면 다음 효과는 '내려놓기'다.

"너, 그 결정을 후회하지 않을 자신 있어?"

나의 이 질문에 친구는 자신의 상황을 냉정하게 파악하며 자신이 잘못한 점은 없는지 돌아볼 것이다. 그리고 상사의 질책에 잠시 참지 못하고 '욱'했던 자신의 감정에 부끄러움을 느끼고 자신의 행동을 돌아보게 된다.

"그래, 사실 생각해보니 내가 마감시간에 너무 임박해서 일을 대충 넘기긴 했지. 좀 더 일찍 준비해서 여유 있게 보고서를 제출했어야 했어."

"너, 그 결정 후회하지 않을 자신 있어?"

이 질문을 통해 부정적 감정들이 긍정적 감정으로 치환되는 효과도 얻을 수 있다. 미래에 대한 고민을 할 때에도 이 질문은 큰 효과를 발휘한다.

김 승진이라는 분이 있다. 그는 남들이 인정하는 안정적인 직장에 다니고 있고, 또한 직장에 대한 자부심이 대단했다. 간혹 자신의 뜻과 맞지 않는 성향에서 오는 약간의 불평은 있었지만 그 외의 것들을 생각하면 충분히 감내할 수 있는 부분들이었다고 한다. 특히 그가 자신의 직장에 강한 애착을 느끼는 것은 함께 일하는 동료들과의 관계가 좋다는 것이다.

〈직장생활 연구편람〉에 의하면, 직장인의 스트레스 1순위가 '불편한 인간관계'라고 한다. 그것은 좋은 동료들과 함께 일한다는 것은 직장인으로서 누릴 수 있는 가장 큰 행복이기도 한 것이다. 그렇듯이 그는 행복한 직장생활을 하고 있다고 생각했다. 하지만 그에게는 오랫동안 마음속으로 간직한 간절한 꿈이 있었다. 하지만, 자신의 현실을 생각하면 섣불리 실행할 수 없는 일이었다. 그는 힘과 열정이 아직 남아 있는 40대라는 나이와 현실적인 문제 등의 갈등으로 고민하며 스스로에게 자문한다.

"간절하게 경험하고 싶었던 꿈을 접는다면, 훗날 후회하지 않을 수 있을까?"

그는 깊은 생각 끝에 다음과 같은 결정을 내린다.

"시간이 흐르고, 나이가 더 많아질수록 꼭 해보고 싶었지만 못 이룬 꿈에 대한 갈망이 더 커지지 않을까?"

그는 자신의 꿈을 결행하기에 이른다.

그것은 대한민국 최초로 요트를 타고 기한을 정하지 않은 세계 일주를 실행한 것이었다. 배 안에서 김치찌개를 해먹고 야채가 부족할 때는 씨앗의 싹을 틔워 새싹비빔밥도 해먹었다. 태평양 한 가운데에서 태풍을 만나 배가 고장이 나서 고생을 하기도 했으며 위험천만한 상황도 많이 있었다. 하지만 그는 여행을 멈추지 않고 항해를 한 끝에, 드디어 209일, 5016시간의 항해를 마치고 대한민국에 입항하게 된다.

그는 자신을 취재하기 위해 몰려든 기자들 앞에서 다음과 같이 말했다.

"꿈에도 원했던 여행을 한 경험은 내 인생에 있어 소중한 자산이 될 것입니다. 이번 여행 결정은 다시 생각해도 참 잘했다는 생각이 듭니다."

〈멈추지 마, 다시 꿈부터 써 봐〉의 저자 김 수영 씨는 대학을 졸업하고 세계적인 증권사 골드만삭스에 입사한다. 하지만 입사한지 얼마 지나지 않아서 실시한 검진에서 급성 암 진단을 받는다. 그녀는 수술을 앞두고 자신에게 질문한다.

"내가 지금 죽는다면 과연 내 삶에 최선을 다했다고 말할 수 있을까?"

수술 후, 그녀는 병상에서 죽기 전에 하고 싶은 것들을 기록하기 시작한다.

'감동이 있는 글을 집필하여 책 남기기', '에베레스트 산 오르기', '뮤지컬 무대에 서기'….

그녀는 자신이 계획한 버킷리스트들을 달성하기 위해 골드만삭스를 퇴사한다. 그리고 2011년, 365일간 25개국을 여행하며 365명의 삶과 꿈을 기록한 〈당신의 꿈은 무엇입니까〉라는 책을 출간했다. 그녀가 이와 같이 자신이 계획한 버킷리스트들을 이룰 수 있었던 이유는, 자신의 삶을 돌아볼 수 있었던 질문을 스스로에게 했기 때문이다.

"지금 이 결정을 후회하지 않을 자신이 있습니까?"

이 질문은 다양한 상황에서 쓰일 수 있다. 감정적으로 흥분한 상태에서 냉정하게 상황을 판단하고 자신을 돌아볼 수 있게 해주는 역할을 하기도 하고, 어떤 것을 선택하는 상황에서 본질적 내면의 소리를 들을 수 있게 해주는 역할도 한다. 지금 선택의 기로에서 고민하고 있거나 감정적으로 힘든 상황이라면 자신에게 자문해 보자.

"나는 지금 이 결정을 후회하지 않을 수 있을까?"

질문 :

• 죽을 때 세상에 남기고 싶은 것이 있다면?

• 그것을 세상에 남기고픈 이유는?

• 그것을 남기기 위해 어떤 노력을 하고 있나요?

답변 :

....

....

....

....

....

....

....

5장

좋은 질문을
위한 훈련

모든 것은 '왜'로부터 시작된다

'데이비드 허친스'의 저서 〈레밍딜레마〉에는 일명 레밍. 나그네쥐들이 나온다. 이 쥐들은 일 년에 한 번씩 절벽 끝에서 멋지게 점프하며 떨어지는 축제를 벌였다. 그런데 다른 쥐들이 절벽에서 떨어지는 모습을 바라보며 '에미'라는 쥐는 레밍들이 왜 절벽에서 떨어져야 하는지, 꼭 그래야 하는가라는 근원적인 질문을 던진다.

"왜 절벽에서 떨어져야 하지? 그리고 왜 그들은 다시는 돌아오지 않고 있지?"

지금까지 이러한 의문을 품은 쥐는 없었다. 모든 쥐들이 맹목적으로 다른 쥐들을 따라 절벽에서 몸을 던지는 대열에 속해 있었다. 하지만 의문을 품은 쥐 에미는 다른 쥐들에게, 왜 절벽에서 떨어져야하는지를 묻지만 어리석은 질문을 하지 말라며 심한 핀잔을 듣는다.

인간사회 역시 다를 바가 없다. 무엇인가 의문을 품고 질문을 하면,

"야, 왜 그렇게 피곤하게 사냐. 그저 남이 하는 대로 따라하면 돼."

질문하는 사람을 귀찮은 듯이 바라보는 사람들.

에미는 날마다 절벽 끝에 앉아, 건너편에 있는 나무를 바라보며 생각에 잠겼다.

"혹시, 골짜기 너머 저곳에 우리가 모르는 새로운 세상이 있는 것은 아닐까?"

에미는 반드시 지켜야만 하는 관습처럼, 골짜기로 떨어지는 대열에 줄서지 않기 위해 이곳에서의 탈출을 꿈꾼다. 그리고 결심을 한다. 자신의 의문에서 비롯된 질문을 통해 변화의 키워드를 도출하고, 의문을 풀기 위한 행동을 시작한 것이다.

에미는 고무줄처럼 질긴 풀을 엮어서 긴 줄을 만든 다음, 그 줄을 자신의 몸에 묶고 몸의 방향을 앞쪽으로 향하게 한 후, 뒤쪽에도 다른 줄을 묶어 최대한 줄을 뒤로 잡아당긴다. 그러면 자연스럽게 몸의 앞쪽 줄이 팽팽하게 된다. 마지막에 뒤쪽으로 묶은 줄을 끊으면 몸은 앞으로 날아가게 되는 원리이다.

에미는 계획대로 줄을 끊고 날아간다. 그리고 쥐들이 절벽에서 떨어지는 행위는 다시는 돌아올 수 없는 죽음의 세계라는 사실을 알게 된다.

에미가 다른 쥐들과 달리 새로운 세상에 발을 디딜 수 있었던 이유

는, 자신에게 '왜?'라는 질문을 했기 때문이다. 여기에는 중요한 키워드가 있는데 그것은 '멈춤'이다. 에미는 맹목적인 관습을 끊었던 것이다. 우리 사회에서도 질문하는 사람을 '유별난 사람'으로 평가하는 인식이 존재한다.

"그게 뭐가 궁금해. 그냥 살던 대로 살아."

하지만 살던 대로 살면 다른 쥐들처럼 끝도 알 수 없는 골짜기로 떨어져서 다시는 돌아오지 않는, 의미 없는 인생을 보낼 수밖에 없다.

중요한 것은 'Why?'라는 의문을 가지면 반복적인 관성에서 벗어날 수 있으며, 그것은 새로운 키워드를 형성한다는 것이다. 'Why?'에서 시작된 의문은 'Where?'로 이어진다. '도대체 절벽 끝에서 떨어지면 어디로 가는 걸까?' 이 질문은 에미의 목표를 한 번 더 검토하게 해주었다. 다음의 키워드는 '목표'다. 자신의 목표가 혹시나 잘못되지는 않았는지 한 번 더 돌아보게 되는 것이다. 이어지는 세 번째 질문은 'Who?'이다. 나는 과연 누굴까? 나도 저 쥐들과 똑같이 절벽에서 떨어지는 쥐인가, 그들의 대열에 참여하고 싶지 않은데 어떻게 해야 하나? 여기서의 키워드는 '정체성'이다. 진정한 '나'를 찾아가는 것이다. 이어지는 질문은 'If'다. 만약 여기서 떨어지지 않고 반대편으로 건너간다면 어떻게 될까? 이 질문은 당연하게 여겨졌던 관습을 깨고 인생의 새로운 가능성을 열어놓는다. 드디어 결정적 질문, 'How?'다. 어떻게 건너갈 수 있을까? 변화를 위한 구체적인 해결책들이 나온다. 이러한 질문의 과정을 거쳐 에미는 줄을 끊고 반대편으로 넘어가게 된다. 에미는 비로소 새로운 세상을 만나게 된 것이다. '에미'의 새로운 세상으로의 탈출을 키워드끼리 묶어보면, '왜'라는 질문을 통해 습관화된 관습으로부터 '멈춤'의 결심을 할 수 있었고 그 결심은 결국 '어떻게'라는 질문으로 이어져서 '변화'를 만들어냈다.

〈나는 왜 이 일을 하는가?〉의 저자 사이먼 사이넥은 자신의 저서를 통해 'Why?'의 중요성에 대해 다루고 있다. 사이먼 사이넥은 마이크로소프트, MARS, SAP, 인텔, 미 의회 등 '왜'의 가치를 믿는 다양한 기업과 사람들의 워크숍에서 '왜'의 가치를 강조하고 있다. 자기 삶을 적극적으로 리드하는 사람들의 근원의 힘, 그것이 바로 '왜?' 인가를….

그의 TED 강연은 수 백 만 번의 조회수를 기록하였으며, 그는 세상을 변화시키는 사람 또는 세상의 변화를 주도하는 기업이나 조직의 특별한 점은 바로 'Why'라는 질문이 그들의 문화를 형성하고 있기 때문이라는 것이다. 대부분의 커뮤니케이션에 있어 사람들은 주로 What?과 How?를 이야기한다.

"우리는 UI가 뛰어나고 속도가 빠른 컴퓨터를 만들었어요. 사용해보실래요?"

"여기 새로운 자동차가 있어요. 연비가 매우 훌륭해요. 구매하시겠어요?"

이와 같은 방식으로 'What'이나 'How'를 먼저 이야기하는 것이다.

하지만 사이먼 사이넥은 'Why'를 먼저 말해야 한다고 강조한다.

세계적인 기업 애플의 사례를 보자.

"우리가 하는 모든 일을 우리는 믿습니다. 우리는 '다르게 생각하기'의 가치를 믿기 때문입니다."

-Why - "우리가 현실에 도전하는 방식은 모든 제품을 유려한 디자인, 편리한 사용법, 사용자 친화적으로 만드는 것입니다."

-How - "그래서 이 훌륭한 컴퓨터가 탄생했습니다. 어때요?"

비전과 신념(Why)을 토대로 How와 What을 만들어낸다. 인간의 뇌는 Why에 본능적으로 끌리기 때문이다.

새뮤얼 피어폰 랭리를 아는가? 아마도 그를 기억하는 사람은 많지 않을 것이다. 그는 라이트 형제와 비슷한 시기에 비행기를 만들려고 했던 사람이다. 그는 비행기를 만들기 위해 필요한 성공의 레시피를 거의 완벽하게 갖추고 있었다. 자금력, 인력, 시장상황 역시 그에게 많은 기대를 하고 있었으며 또한 그는 하버드대 교수였고, 자그마치 5만 달러의 자금을 갖고 있었다. 더불어 최고의 인재들을 채용했고 〈뉴욕타임스〉의 취재진 또한 그를 응원했으며 그에게 투자하려는 사람들이 줄을 잇고 있었다.

반면, 몇 마일 떨어진 오하이오 주에는 라이트 형제가 있었다. 그들에게는 한 마디로 성공의 레시피가 없었다. 자금도, 인력도, 투자자도 없었다. 기자들의 주목도 끌지 못했다.

하지만 지금, 사람들은 '비행기'하면 라이트 형제를 떠올린다.

랭리와 라이트 형제의 차이점은 무엇이었을까?

바로 '왜' 비행기를 만들어야 하는가라는 목적의 차이였다. 라이트 형제는 사람들에게 새의 자유로움을 선사해주고 싶었다. 다시 말해서 자신들의 신념에 따라 사명감을 갖고 일을 했던 것이다. 그들은 비행기를 만들면 그것이 세상의 패러다임을 바꿔놓을 것이라고 믿었다.

하지만 랭리는 달랐다. 그는 부자가 되고 싶었고, 유명해지고 싶었다. 랭리의 팀은 돈을 좇아 일했지만 비행기를 만드는 일에 '왜'라는 신념을 지닌 라이트 형제와 팀은 피와 땀과 열정을 담아 일했다. 그리고 마침내 1903년 12월 17일, 그들은 하늘로 솟구쳐 오르며 세상에 비행기의 탄생을 선포한다. 랭리는 라이트 형제가 비행에 성공하자 모든 걸 포기한다. 목적이 없어진 것이다. 랭리는 일등이 되지 못했고, 부자도 유명인도 되지 못했다.

"왜?"라는 질문은, 고정관념을 깨고 혁신을 만들며 더 나은 삶을 추구하게 해준다.

잊지 말자. 모든 것은 Why로부터 시작된다는 것을.

깨우칠 때까지 계속 물어라

에디슨은 "천재는 1퍼센트의 영감과 99퍼센트의 노력으로 이루어진다."는 명언을 남긴 발명가이다. 그는 특허의 수가 무려 1,000종을 넘을 정도로 많은 발명을 했으며 특히 백열전구를 발명한 일화는 잘 알려져 있다. 에디슨은 어릴 때부터 늘 '왜?'라는 질문을 하며 다녔다. 상상력이 풍부하고 호기심이 많았던 에디슨은 선생님의 말끝마다 엉뚱한 질문을 던졌다. 이러한 질문을 일삼는 에디슨에게 더 이상 참지 못한 선생님은 에디슨의 어머니에게 "저 아이는 머리가 너무 나빠서 학교에서는 더 이상 가르칠 수가 없습니다."라고 말한다. 하지만 에디슨의 어머니는 "제가 판단하기에 우리 아이는 선생님보다 현명합니다. 학생보다 부족한 선생님에게 배운다는 것은 시간 낭비라고 생각합니다. 이제부터는 제가 직접 가르치겠습니다."라고 말한 후, 에디슨을 집에서 직접 교육한다.

교사 출신이었던 에디슨의 어머니는 읽기, 쓰기 등을 직접 가르치며 학교생활에 적응하지 못한 에디슨의 자상한 선생님이 되어주었다. 아들의 엉뚱한 질문들을 모두 받아주며 에디슨의 '왜?'라는 질문에 함께 백과사전을 찾아가며 아들의 궁금증을 풀어주었다. 어머니의 교육은 에디슨의 호기심을, 창의력과 도전정신으로 발전할 수 있도록 도와주었고 인류역사상 가장 훌륭한 발명가 탄생의 밑거름이 되었다.

간혹 어른들은 아이들의 질문과 호기심을 무시하기도하고 귀찮게 생각하기도하지만, 아이들은 그 질문의 힘으로 성장해 가고 꿈을 키우는 것이다. 이렇듯 질문의 힘은 새로운 세계를 개척하는 근본인 것이다. 시대를 불문하고 애독하고 있는 책의 집필도, 인류를 한 차원 높은 단계로 올려놓은 발명품도, 사람의 의식을 깨우치는 가르침도 바로 이 '왜?'라는 질문에서 비롯된 것이다.

우리나라에서도 한창 붐을 이루었던 하브루타 독서법 역시 '왜?'라는 질문의 힘을 강조한 것이다. 하브루타 교육은 깨우칠 때까지 계속 묻고, 무엇이 납득이 가지 않으면 계속해서 논쟁을 한다. 질문을 받은 사람은 상대방을 논리적으로 납득시키기 위해 자신의 지식을 다시 돌아보게 된다. 하브루타 교육법은 0.2%에 불과한 유대인을 인류 최고의 민족으로 발돋움하게 해준 기초가 되었다. '왜'라는 질문은 비단 아이들에게만 필요한 것이 아니다. 사람은 의심나거나 모르는 것이 있으면 끊임없이 질문해야한다. 2017년 아마존과 뉴욕 타임스 선정 베스트셀러 1위를 기록한 〈타이탄의 도구들〉에는 알랭 드 보통, 세스 고딘, 말콤 글래드웰, 파울로 코엘료, 피터 틸, 에드 캣멀 등 성공한 사람들의 특징은 상대방의 말이 잘 이해되지 않을 경우, 사람 좋은 미소로 "그렇군요"하고 이해한 척하는 것이 아니라, "죄송한데, 잘 이해가 안 갑니다. 다시 한 번 말해 줄 수 있나요?"라고 묻는 것이라고 한다.

법륜스님의 〈답답하면 물어라〉라는 책에는 다음과 같은 구절이 있다.

「많이 안다고 좋은 선생님이 되는 것이 아니다. 보통 선생님들이 많이 알면 자신의 아는 지식을 자랑만 하다가 끝나는 경우가 많다. 중요한 것은 질문을 받는 것이다. 질문의 중요함에 대한 인식이 부족한 선생님들은 질문을 받기를 피하는 경향이 있다. 자신이 아는 것만 가르쳐주면 문제될 것이 없는데 질문을 받으면 자기가 모르는 부분이 탄로 날 위험이 있기 때문이다. 질문을 받을 때 선생님은 아무 두려움도 없어야 한다. 두려움이 생기는 것은 내가 모든 것을 알아야 한다는 강박관념이 있기 때문이다.」

모든 걸 아는 사람은 없다. 하지만 모든 걸 아는 '척'하는 사람들이 있다. 이런 사람들은 발전하지 못한다. 모르는 게 있어도 질문하지 않기 때문이다.

헤르만 헤세의 소설 〈싯다르타〉에서 싯다르타는 유복한 바라문 가정에서 태어나 모두에게 사랑받는 존재이다. 하지만 싯다르타는 사람의 진정한 내면의 기쁨이 과연 이것일까? 라는 의문을 품는다. 그 문제에 대한 궁금증을 해결하기 위해 싯다르타는, 친구 고빈다와 함께 집을 떠나 고행의 사문생활을 하게 된다. 이런 저런 많은 경험들을 통해 그는 결국 완전한 깨달음을 얻게 된다. 싯다르타가 완전한 깨달음을 얻을 수 있었던 이유 역시, 끊임없이 물었기 때문이다.

"인생은 무엇입니까?"

"행복하게 살기 위해선 어떻게 살아야합니까?"

"깨달음이란 무엇입니까?"

싯다르타는 세상의 모든 것이 궁금했고, 그것을 질문을 통해 자신을 계속 돌아보고 발전시키면서 원하던 성취를 이룰 수 있었다.

'메타인지'라는 개념이 있다. 이것은 자신의 인지과정을 생각하여, 자신이 아는 것과 모르는 것을 자각하는 능력이다. 그리고 모르는 것에 대해 문제점을 찾아내어 질문하고 해결을 하는 등 자신의 학습과정을 조절할 줄 아는 지능이다. 성공한 사람과 성공하지 못한 사람들의 차이는 바로 이것이다. '모르는 것을 모른다고 하고, 아는 것을 안다고 인식할 수 있는 것.' 삶의 변화는 의문을 물음으로써 시작된다.

경청, 좋은 질문을 위한 필수 요소

인간이 다른 동물과 확실하게 구분되는 것 중 하나는 언어를 사용하여 타인과 소통한다는 것이다. 하지만 언어생활 중에서 가장 많은 영역을 차지하는 부분은 말하기보다 듣기 활동이다. 듣기 활동은 새로운 세계에 대한 정보를 기억하고 이해하며 판단하는 최초의 언어 기능이다. 듣기 활동에서 적극적으로 타인의 말을 귀 기울여 듣는 활동, 즉 경청이다. 경청은 의사소통의 중요한 수단으로써 화제에 대해 분석하고 종합하며 비판하는 기능을 가질 뿐만 아니라 사고력 및 정보 수용 능력을 신장시키는 데 매우 중요한 역할을 한다. 경청에는 두 가지 기능이 있는데, 첫 번째는 타인의 음성과 언어를 잘 들음으로써 그의 생각, 감정, 정서 그리고 그와 관련된 사실이나 사건을 이해하는 것이고, 두 번째는 타인의 표정과 손발의 움직임과 몸의 자세를 통해 그가 전달하는 메시지를 바르게 파악하는 것이다. 즉 사람은 경청을 함으로써 타인을 이해할 뿐만 아니라 정서적으로도 공감할 수 있는 것이다.

조용히 우리의 기억을 더듬어보자. 상대방이 나의 이야기를 경청해줄 때, 이 사람이 나를 이해해주고 공감해준다는 느낌을 받고 상대방에 대한 호감이 생겨난 적이 있지 않은가?

이렇듯 경청이란 대화 시 가장 필요한 자세이다. 경청을 함으로써 적절한 질문을 할 수 있게 된다.

나와 가장 친한 베프(베스트 프랜드)는 고등학교 때 알게 된 친구다. 그는 친구로서 정말 많은 걸 나에게 깨우쳐 주고 항상 모범을 보여준 친구다. 그는 선, 후배들에게도 그리고 여자들에게도 인기가 있었다. 그는 기본적으로 사람을 존중할 줄 알았고, 예의가 있었으며 대화 자리에서 상대방의 이야기에 귀를 기울여 들었다. 그는 자신과 의견이 다르더라도 언성을 높이거나 화를 내지 않았고 때론 싸움이 될 법한 상황에서도 침착하고 부드럽게 문제를 해결했다. 나는 학창시절에 몇 번 그 친구의 집에 놀러가서 친구의 아버지를 뵙게 되었는데 친구의 아버지는 고등학생인 나에게 말을 낮추지 않고 애정이 담긴 말을 건네주셔서 많이 놀랐던 기억이 있다. 친구의 아버지는 아들의 이야기를 자애로운 표정으로 잘 들어주었으며, 나에게도 친구의 입장에서 어떤 생각을 하고 있고 어떤 감정을 느끼며 지내고 있는지를 물어주셨다. 나는 친구의 아버지에게서 친구의 모습을 찾아볼 수 있었다.

그런 아버지의 영향 탓에 친구 역시 사람들을 존중하고 다른 사람과의 대화의 자리에서 경청하는 태도가 몸에 배인 것임을 알 수 있었다. 그 친구는 대화의 자리에서 다른 사람의 이야기를 우선 듣고 판단하였고, 상대방 위주로 대화를 이끌어갔다. 자신이 돋보이기보다 상대방을 돋보이게 해줬던 것이다. 그는 자신이 원하던 회사에 한 번에 무난히 입사했는데, 나는 그 친구가 면접과정에서 면접관의 질의 내용을 경청한 후 질문에 잘 대처하는 공감과 포용 능력이 빛을 발했을 것이라고 확신한다.

〈마음을 여는 경청 기술〉이라는 책에 나온 내용이다.

「빌은 국제월드비전에서 중재와 조정 파트의 이사로 활동하고 있다. 그는 아프리카 수단으로 선교 활동을 하기 위해 떠났는데 그 곳에서 딘카족과 누에르족이 8년에 걸친 전쟁을 끝내고 서로 평화의 관계를 맺을 수 있도록 돕는 임무를 맡게 되었다. 하지만 두 민족 간에는 아직도 감정의 앙금이 크게 남아 있기 때문에, 몇몇 국제 중재 팀이 두 부족의 화해 시도를 해보았지만 번번이 실패했다. 빌은 미국, 유럽 사람들의 중재방식은 오히려 방해가 될 뿐임을 깨달았다. 그들의 중재방법은 아침 9시에 회의를 시작해서 점심시간을 이용하여 휴식시간을 가진 후, 다시 협상을 시작하여 저녁 5시까지 회의를 하고 끝내는 중재방법이었다. 하지만 미국, 유럽 사람들의 중재방식은 하루하루 근근하게 살아가는 두 종족들의 삶과는 너무나 동떨어진 방법이라는 것을 깨달았던 것이다. 그래서 빌은 두 부족의 갈등을 풀기 위해서는 무언가 새로운 방법을 사용하지 않으면 안 된다고 생각했다. 그에 대한 방편으로 빌은 우선 그들의 이야기에 인내심을 갖고 경청하고, 가능하면 일방적인 설득은 지양할 것에 비중을 두고 중재를 해보기로 했다. 이전의 협상에서는 직접 당사자인 두 종족간의 의사소통이 전혀 이루어지지 않았다.

그들 종족 간에는 어떤 중요한 결정을 내릴 때, 진지하게 서로 대화를 나누는 행사를 벌이는 전통이 있었다. 빌은 그 전통에서 협상에 관한 힌트를 생각했다. 빌은 우선 양측 지도자의 의견을 많이 듣고 또 그들과 상의한 후 딘카족과 누에르족 족장이 한자리에 마주 앉아서 대화를 갖는 행사를 주관했다. 그들의 대화 장소에는 아무도 동석하지 못하게 하였다. 오로지 두 족장만이 얼굴을 서로 마주하고 앉아 번갈아가며 이야기를 나누기 시작했다. 일단 한 족장이 이야기를 시작하면 상대 족장은 그 말이 끝날 때까지 기다려야 했으며, 중간에 말을 막아서는 안 되는 것이 오랫동안 그들에게 내려오는 전통이었던 것이다. 이런 방식으로 두 족장은 시간에 구애받지 않고 원하는 만큼 오랫동안 이야기를 할 수 있었다. 두 족장은 약속대로 자기 차례가 돌아오기를 기다리면서 상대방의 말을 방해하거나 언쟁을 벌이지 않고 귀를 기울여 들어주었다.

두 족장은 서로 그동안 자기 종족이 얼마나 고통을 받았는지, 얼마나 고생을 했는지, 이 전쟁으로 인해 얼마나 많은 희생을 당했는지에 대해 꼬리에 꼬리를 물고 이야기를 계속 이으면서 꼬박 3일을 보냈다. 그런 과정에서 긴장되고 힘든 순간도 있었지만, 전쟁으로 인해 서로 상대 종족이 얼마나 많은 피해를 입고 고통을 당했는지 충분히 알게 되었다. 비로소 두 족장은 서로의 마음속에 사과와 용서의 마음이 생겼고, 또한 평화를 위해 힘을 모으자는 마음까지 생겼다.

평화 협정을 맺은 후에 두 족장은 미소를 띠며 빌에게 다가와서 감사의 말을 했다. 그들은 이번 협상과정에서 처음으로 이야기를 마음껏 할 수 있었다고 말하며, 서로가 자기의 말에 진심으로 귀 기울여 주는 것을 느꼈다고 했다. 단지 들었을 뿐인데 마음 속의 좋지 않은 묵은 감정이 눈 녹듯 사라진 것이다.」

일 년 전, 나는 어느 강연회에서 새로운 경험을 했다. 보통 두 시간 강연이면 시간을 맞추기 위해, 두 시간이 되기 전에 강연을 끝내고 나머지 시간을 질의응답 시간을 갖고 강연을 맺음 하는 것이 일반적인 강연의 방식이라고 생각하였는데, 그 강사는 강연 시간이 끝났음에도 1시간이 지나도록 질문을 받는 것이었다. 청중들의 질문은 계속됐다. 나는 시간이 많이 지났음에도 불구하고 끝까지 청중들의 질문을 듣고 대답해주는 강사의 모습이 매우 인상적이었다. 특히 인상적이었던 것은, 청중들의 질문을 대하는 방식이었다. 보통 질문을 하면 그 질문에 대해 자신의 생각을 들려주는 것이 내가 알고 있던 상식인데 그 강사는 질문자의 질문에 잠시 고민하다가 질문한 사람에게 다시 되묻는 것이었다.

예를 들어, "자존감이 낮은데 어떻게 해야 할까요?"라는 질문이라면 곰곰이 생각하다, "질문해주셔서 감사합니다. 질문하신 분이 생각하는 자존감이란 어떤 건가요?" 라고 되물은 후, 질문한 사람이 자신의 의견을 얘기하면 그에 따라 강사인 자신의 생각을 말해주는 것이었다. 나는 그러한 강연의 모습에 매우 신선한 감정을 느꼈다.

더 이상 질문하는 사람이 없자, 그는 가방을 챙겨서 강연장을 퇴장하려고 했다. 나는 자리에서 일어나 서둘러 그를 찾아가서 책을 내밀며 사인요청을 했다. 그는 웃으며 사인을 해주었고 나는 그에게 "죄송하지만 한 가지만 여쭤 봐도 되겠느냐?"고 물었다. 그러자 그는 흔쾌히 승낙했다.

"강사님은 주어진 시간보다 훨씬 더 많은 시간을 할애하여 질의응답 시간을 갖는데 힘들지 않으십니까, 중복되는 질문도 많던데요?"

나의 물음에 그는 말했다.

"중복되는 질문이라도 그 사람의 상황과 눈빛, 표정에 따라 전혀 다른 질문이 될 수 있습니다. 그리고 누군가의 질문을 귀를 기울여 들으면 질문자의 상황에 맞는 질문을 다시 되물을 수가 있지요. 그것은 답을 내려주는 것이 아니라 곰곰이 생각하게 해주는 질문을 던져주는 거죠. 나에게는 질문자의 물음에 정답을 제시할 수 있는 능력은 없거든요. 나는 이 방법이 질문자에 대한 예의 즉 경청이라고 생각해요. 경청을 하면 나도 살고 상대방도 살아요. 그 사람은 고민하던 문제에 대한 답을 스스로 찾기 때문에 살고, 나는 그 사람을 도와줬다는 뿌듯함과 내 존재가치에 대한 행복감에 살아요. 그리고 질문을 듣다보면, 나 역시 깨닫게 되는 정말 좋은 질문들이 있어요. 그런 것들은 기록했다가 집에 가서 곰곰이 상기해 보죠. 그러다 보면 순간 머리가 확 트일 때가 있죠. 내게 주어진 시간을 훨씬 넘기면서까지 질문을 받는 이유는, 나 역시 다른 사람의 질문을 통해 배울 수 있기 때문에 그러는 겁니다."

나는 강사의 말에 충격을 받았다. 나는 솔직하게 말해서 때로는 상대방의 질문에 귀 기울이는 척만 했었던 면이 있었다. 청중의 질문을 들으면서 다음에 내가 이야기할 것들을 생각했던 것이다. 그러나 그의 말을 듣고 보니 질문 속에 깨달음이 있다는 것을 알았다. 그 후부터는 나 역시 시간에 개의치 않고 질문하는 사람이 있으면 끝까지 질문을 받고 정성을 다해 답해주려고 노력하고 있다.

경청을 함으로써 상대방의 메시지에 초점을 맞출 수 있고, 정확하게 이해를 할 수 있다. 그럼으로써 상대방으로 하여금 좋은 질문을 할 수 있도록 하며 또한 좋은 답변을 할 수 있게 된다.

좋은 질문을 하는 사람들을 만나라

안득호자(不入虎穴 安得虎子), '호랑이를 잡으려면 호랑이굴에 들어가야 한다'는 뜻의 사자성어이다. 그렇다면 좋은 질문을 하고 싶다면 좋은 질문을 하는 사람들을 많이 만나야 한다. 하지만 좋은 질문을 하는 사람들은 어떻게 만날 수 있을까?

나는 다음과 같은 방법으로 그들을 만날 수 있었는데, 첫 번째는 독서였다. 독서를 통해 간접적으로 새로운 세상과 사람들을 만날 수 있었다. 독서는 새로운 관점에서 세상을 바라보고 자신의 어떤 판단과 행동으로 인해 일어날 수 있는 결과와 영향력을 간접적으로 고려하게 해 주었으며, 직접 경험하지 않은 일들에 대해서 간접적으로나마 현명한 판단을 할 수 있는 분별력을 키울 수 있었다. 이렇게 독서를 통한 지식이 쌓이게 되면 새로운 시각의 새로운 질문들이 생겨난다.

서머싯 몸의 〈달과 6펜스〉라는 책을 읽고는, "이상과 현실 사이에서 어떤 것을 좇을 것인가? 그리고 그 선택에 따른 결과에 어떤 책임을 질 수 있는가?"라는 질문을 던질 수 있었고, 귀스타브 르 봉의 〈군중심리〉를 읽고서는 "집단은 단순우매해질 수밖에 없다고 하는데, 그렇게 되지 않기 위해서는 어떻게 행동해야 하는가?"라는 질문을 스스로에게 할 수 있었다. 결과적으로 이 질문들은 끊임없이 최선을 다해 앞으로 나아갈 수 있게 해준 원동력이 되었다.

나는 독서의 영향으로 삶의 본질에 대해 진지하게 고민할 수 있었으며, 작가의 가치관을 공유하며 마음속으로 서로 질문과 답을 하는 경지를 맛보았다. 진정 내 인생을 다양한 방향으로 해석해볼 수 있게 된 것이다. 한 시대를 호령했던 영웅들의 이야기에서는 용솟음치는 젊음의 힘으로 세상을 향해 도전하고 싶은 충동을 느꼈으며, 정신을 맑게 정화시켜 주는 성현들의 글을 통해 그들의 지혜를 흡수하고 함께 호흡하며 질문하다보면 스스로 어느 순간 '내가 매우 넓어지고 깊어졌다'는 뿌듯한 느낌을 받게 된다.

몇 년 전에 그리스 문학의 대표적 작가, 니코스 카잔차키스의 〈그리스인 조르바〉라는 책을 읽었는데, 주인공 조르바는 세상의 모든 현상에 궁금증이 생겨 모든 것을 직접 경험해 보고, 느껴보고 싶은 사람이다. 조르바는 책을 통해서가 아니라 직접 경험을 함으로써 몸과 마음으로 감동을 체험했을 때 진정한 삶의 의미를 깨달을 수 있을 것이라고 생각한다.

내가 〈그리스인 조르바〉를 읽고 느낀 것은, 책만 읽는 천재보다 행동하는 바보가 백배 낫다는 것이었다.

〈그리스인 조르바〉에는 다음과 같은 내용이 있다.

「나를 책벌레라 부르는 친구와 작별했다. 친구와의 작별의 아쉬움을 뒤로하고 새로운 계획을 세우고 있던 내게 조르바가 다가왔다. 그를 처음 만난 카페에서 나를 매서운 눈초리로 바라보던 조르바가 내게 던진 첫 마디는 "여행하시오?"였다. 조르바의 움푹 페인 볼, 튀어나온 광대뼈, 잿빛 고수머리에 눈동자가 밝고 예리했던 조르바. 나도 모르게 그와 함께 크레타 섬으로 여행하기로 마음먹었다. 그리고 읽고 있던 〈단테〉를 덮었다.」

나는 온 몸에 전율이 이는 것을 느꼈다. 그리고 '인생에서 하고 싶었는데 망설이다가 하지 못한 것이 무엇일까?'라는 질문을 스스로 했으며, 그에 대한 답으로 친구와 3박 4일 무전여행을 떠났다. 그 여행에 스스로 '조르바 무전여행'이라는 이름도 붙였다.

조르바 무전여행은 속초에서 부산까지의 여정이었다. 히치하이킹, 즉 지나가는 차에 편승하면서 이동하는 도보여행을 하며, 일면식도 없는 사람들에게 밥을 얻어먹는 것은 남에게 피해를 끼치는 행동이라고 생각해서 시작할 용기가 없었지만, 막상 해보니 오히려 사람들이 우리들에게 식사를 대접해주고 차를 태워주는 등 응원해주어서 무사히 여행을 마칠 수 있었다. 그렇게 일명 조르바 무전여행의 경험을 통해 '어떤 힘든 상황이라도 의지만 있다면 극복할 수 있다.'라는 가치관을 얻을 수 있었다.

다음은 독서모임이다. 나는 혼자 독서를 하면 자칫 편협해질 수 있다는 지론을 갖고 있다. 나만의 가치관에 의거해서 생각하기 때문이다. 그래서 지역의 다양한 독서모임을 찾아다녔고, 그때마다 새로운 느낌을 받을 수 있었다. 살아온 환경이 다르고, 가치관이 다르기 때문에 같은 문장을 읽더라도 다르게 생각한다는 사실이 참 신기했다. 같은 책을 보고도 느끼는 감정이 저마다 다를 수 있다는 것이다. 특히 좋았던 점은, 서로의 의견을 '틀리다'라고 생각하지 않고 '다름'으로 받아들이며 생각의 다양성을 존중해준다는 것이었다. 책을 읽고 자신의 느낀 점을 서로 나누고 공유하는 것이기에 질문들 또한 예사롭지 않았다.

〈나는 가해자의 엄마입니다〉라는 책이 있다. 이 책은 미국 총기 난사 사건 범인의 어머니가 자신의 아들에 관하여 쓴 책인데, 일반적으로 사건을 일으킨 가해자의 행위에 대하여 비난하며, 그 부모에 대해서는 "자식을 어떻게 교육을 시켰기에 저런 일을 저질렀느냐?", "자식을 왜 저렇게 키웠느냐?"라며 지탄의 목소리와 함께 부정적인 시선을 보낸다. 하지만 이 책을 읽으며 가해자 부모의 관점이라는 다소 독특한 시각을 공유할 수 있었다. 독서모임의 누군가가 "내가 만약 가해자의 부모라면 나는 어떻게 행동할 것인가?"라는 질문을 했다. 그 질문에 정말 많은 상상을 하게 됐다. 상상해 본적이 없는 상황 속으로 내가 들어갔던 것이다. 그 외에도 다양한 답변들이 많이 나왔다. 또 〈부의 추월차선〉이라는 책을 읽고서는 "경제적 자유를 얻기 위해 가장 필요한 3가지 요소는 무엇이라고 생각하는가?"라는 질문을 공유하고 열띤 토론을 한 기억이 있다. 이렇게 다양한 질문들을 통해 각자 사고의 영역을 넓힐 수 있었고, 이 경험들을 계기로 내가 거주하고 있는 지역에 독서모임을 직접 운영하며 기획하고 실행할 수 있었다. 이것도 우리가 흔히 갖고 있는 고정관념을 질문을 통해 깼던 사례다.

우리는 단순하게 생각해서, 강연이라고 하면 성공한 사람이나 전문적인 지식을 갖춘 사람 그리고 말을 잘하는 사람만 할 수 있다고 생각한다. 하지만 나는 '평범한 사람도 자신의 평범한 이야기를 다른 사람들 앞에 펼쳐보는 것도 의미 있지 않을까?'라고 자문했고 그에 대한 답으로 남녀노소가 함께 즐기는 지역의 행사로 만들 수 있었다. 그 행사가 내가 거주하는 지역에서 정기적으로 개최되는 〈일반인 토크 버스킹〉이다.

그리고 좋은 질문을 하는 사람들을 만나는 방법으로 가장 많은 영향을 받은 것이, 내가 추구하는 길을 앞서 개척한 멘토들을 만나는 일이었다.

헤르만 헤세는 〈데미안〉에서 다음과 같이 말했다.

"새는 알에서 나오기 위해 투쟁한다. 알은 세계다. 태어나려는 자는 누구든 하나의 세계를 파괴해야한다."

내가 지금까지 알고 있던 좁은 세계를 깨고 더 넓은 세상으로 나가려면, 먼저 또 다른 세계를 구축하고 있는 멘토들을 만나야 한다. 그들을 통해 많은 것을 배울 수 있다. 나 같은 경우도 우연히 찾아간 멘토에게서 "현재 자신에게 주어진 환경에서 할 수 있는 일이 무엇일까요?"라는 질문을 듣고 고정되어 있는 나의 가치관을 변화시킬 수 있었다. 사람은 끊임없이 배워야한다. 그렇기에 좋은 사람들을 만난다면 인생을 변화시킬 획기적인 답을 얻을 수 있을 것이다.

질문을 통해 생각을 확장시켜라

이 단원에서는 질문을 하며 생각을 확장시키는 연습을 해보도록 하자. 질문력을 테스트하는 방법은 간단하다. 90초안에 주어진 주제에 대해 몇 가지의 질문을 할 수 있는지를 통해 우리의 질문 수준을 스스로 평가할 수 있다. 잠시 책을 덮고 '노래'라는 주제로 90초 동안 질문을 던져보자.

"90초가 지났다. 혹시 몇 개의 질문을 작성했는가?"

15개 이상의 질문을 작성한 사람은 질문력이 매우 높은 수준이라고 할 수 있다. 그리고 10~14개를 작성한 사람도 질문력이 높은 수준이다. 7~9개는 보통의 질문력을 갖고 있고, 6개 이하는 질문력이 낮다고 평가할 수 있다.

15개 이상의 질문을 한 사람들은 우선 궁금한 것들을 생각하고 비숫한 내용들을 연관 지어 기록했다. 반면 6개 이하로 질문 사항을 적은 사람들은 '노래'라는 주제에 대해 궁금한 것이 많지 않았다고 한다. 그것은 '노래'라는 주제를 다른 분야로 확장시키기가 힘들었다는 말이다. 질문을 하면 생각을 확장시킬 수 있다는 것은, 다양한 각도에서 생각을 할 수 있으며 정보를 처리하는 속도가 남들보다 훨씬 빠르다는 것을 나타낸다. 생각은 질문을 통해 형성되고 질문을 한 만큼 생각을 할 수 있다.

스티븐 잡스, 피터 드러커, 브라이언 트레이시 등 창의력으로 자신의 영역을 확고하게 구축한 사람들은 '질문이 많은 사람들'이라는 공통점이 있다.

"인생의 답을 찾기 위해서는 어떻게 해야 할까?"

질문은 다양한 답을 찾아낼 수 있으며 그 답들은 우리 인생을 변화시킬 수 있다. 다시 말해서 질문으로 신경계에 자극을 가하게 되면 척수와 뇌 등의 중추신경계에 도달하게 되며 중추신경계에서 처리한 정보를 다시 우리 몸으로 전달해 명령을 수행한다. 즉 뉴런을 자극하여 뇌를 활성화하기 때문에 생각을 확장시킨다는 것이다. 그렇다면 어떻게 질문을 계속할 수 있을까? 방법은 간단하다. 앞에서 말한 5W1H, 즉 육하원칙을 활용하는 것이다. 순서는 다음과 같다. 누가(who) 언제(when) 어디서(where) 무엇을(what) 어떻게(how) 왜(why)이다.

'노래'라는 키워드에 5W1H를 적용해본다면 다음과 같은 질문이

나올 수 있다.

"'누가' 노래를 부를까?"

"'언제' 노래를 부를까?"

"'어디에서' 노래를 부를까?"

"'어떤' 노래를 부를까?"

"'어떻게' 노래를 부를까?"

"왜, 노래를 부르는 거지?"

벌써 6개의 질문이 나온다. 좀 더 심화해서 들어가 보면,

"노래를 '잘하는 사람은 왜 인기'가 많을까?"

"오랫동안 사랑을 받은 그 노래는 주로 어떤 사람들에게 사랑을 받았을까?" 등과 같은 질문으로 들어갈 수 있다.

그렇다면 여기서 좀 더 심화해서 들어가면,

"인기가 많은 가수들은 '주로 어떤 장르의 노래'를 부를까?"

"오랫동안 사랑받은 노래들은 무슨 이유 때문일까?" 등등이 될 수 있다.

간단히 소개한 위의 예문들은 '질문을 만드는 기본적인 원리'이다. 질문은 기술을 통해 만들어지는 것이고, 패턴을 발견하면 누구나 기술적으로 질문을 할 수 있다.

스티브 잡스는 "Think different'(다르게 생각하라)"고 말했다. 그렇다면 어떻게 다르게 질문할 것인가?

'노래'라는 주어에 연관성이 없을 것 같은 주어를 혼합해서 질문해

보자. 여기서는 커피로 하겠다. 가장 중요한 것은 이상하다고 느낌이 드는 질문을 많이 던지는 것이다. 그러면 창의적인 질문들이 연관되어 많이 나온다.

"노래를 하며 커피를 먹을 수 있을까?"

"커피와 관련된 노래는 어떤 것이 있을까?"

"커피를 쏟으면서 노래를 부른다면 기분이 좋아질까?"

"카페에서 커피를 마시는 사람들 앞에서 노래를 부르는 공연을 한다면?"

이런 질문들을 한다면 엉뚱하다는 소리를 들을 수도 있겠지만 혁신은 바로 이런 엉뚱한 질문에서 나오는 것이다. 다르게 생각한다는 것은 다르게 질문한다는 것이고, 다르게 질문하면 다르게 생각할 수 있는 것이다. 창의적인 사람일수록 많은 질문을 할 수 있고 다양하고 엉뚱한 질문을 던지는 사람들이다.

사랑의 어원은 사량(思量), 다시 말해서 생각의 양이다. 사랑하는 만큼 생각하게 된다는 뜻이다. 에디슨의 전구도, 라이트 형제의 비행기도 '왜'라는 질문을 통해 비전을 찾고 그 비전에 끊임없이 관심을 기울였기에 꿈을 이룰 수 있었다.

정말 마음에 드는 이성을 만났을 때를 떠올려보자.

심장이 콩닥거리고 눈동자가 흔들릴 것이다. 더불어 그 사람의 모든 것이 궁금해진다.

"전화번호는 뭘까?" "인스타그램 아이디는 뭘까?" "어디 살까?" "어떤 운동은 좋아할까?" "남자친구는 있을까?" "무슨 일을 할까?"

관심이 있다면 마음속에는 궁금함이 피어오르고 자연스럽게 질문이 나온다. 다양하게 질문을 하게 되면 다섯 가지의 장점이 있다.

첫째, 두뇌가 활성화된다. 생각을 많이 하면, 자신의 지식영역이 넓어진다는 느낌을 스스로 받을 때가 있다. 질문하고 생각을 정리하는 과정에서 전두엽이 활성화되고 창의적인 상태를 유지하기 때문이다.

두 번째, 창의성과 상상력을 극대화시켜준다. 스티브 잡스의 아이폰, 라이트 형제의 비행기, 콜롬버스의 신대륙 발견도 엉뚱한 질문으로부터 시작됐다.

세 번째, 원하는 답을 얻을 수 있다. 이를 '응답반사'라고 한다. 좋은 질문은 간절히 원하는 답을 얻을 수 있게 해준다.

네 번째, 고정관념을 타파하여 다양한 관점에서 현상을 볼 수 있게 해준다. 비슷한 질문이라도 주어나 동사가 다르다면 익숙한 사고방식을 벗어나 새로운 관점에서 바라볼 수 있게 한다.

다섯 번째, 생각을 확장시켜주고 우선순위를 결정해주며 머릿속을 정리해준다. 많은 생각과 정보를 정리할 수 있다.

스스로 문제를 해결하는 방법은 질문이다. 나 역시 예전에는 어떤 일에 대해서 스스로 알아서 한다는 생각으로 일을 했다. 그래서 내가 해야 할 일이 여러 가지일 경우에는 머리가 아프고 스트레스를 받았다. 그러나 일에 대한 특성을 잘 알고 있는 사람에게 질문을 하며 생각을 확장시킨 결과, 우선순위를 정리할 수 있었으며, 스트레스 또한 현저히 줄어들게 되었다.

질문은 스스로를 돌아볼 수 있게 한다

우리는 살아가며 수많은 갈등에 질문하며 선택을 한다.

"대학을 졸업하면 대학원을 갈까, 아니면 취업 준비를 할까?"

"군대는 병사로 갈까, 장교로 갈까?"

취직을 해서도 마찬가지다.

"지금 내가 다니고 있는 직장에서 계속 있을까, 아니면 이직을 할까? 그것도 아니라면 사업을 할까?" 등.

우리는 끊임없이 스스로에게 질문을 던진다. 이렇듯 인생은 끊임없는 질문과 선택의 연속이다. 우리는 왜? 이처럼 선택의 기로에서 스스로 질문을 던지는가?

이런 경우, 나는 다음과 같은 방법을 권한다. 그것은 바로 미래를 고려한 질문이다. 우리는 대부분 현재 시점에서 고민을 하고 현재를 기준으로 결정을 내린다. 하지만 그 결정이 잘못된 결정이라면 후회할 때는 이미 돌이킬 수 없는 경우가 많다. 이처럼 한 순간의 결정은 삶에 큰 영향을 미칠 수도 있다. 그렇기에 신중하게 생각하고 결정을 해야 한다. 바로 이때 필요한 것이 미래와 과거를 고려한 질문이다. 즉 미래와 과거를 냉철하게 점검하고 문제를 바라보는 것이다.

2년 전, 친하게 지내고 있는 여자 후배에게서 조언이 필요하다며 만나자는 연락이 왔다. 나와 만나서 말한 여자후배의 말을 요약해 보면, 그녀는 지금 사귀는 남자가 있지만 전에 사귀다 헤어진 남자에게서 다시 연락이 와서 마음이 흔들린다는 것이었다. 하지만 헤어진 남자친구는 사귀는 동안, 자신에게 항상 불안함을 줬다고 한다. 헤어진 남자 친구는 좋은 직업을 가졌고 호방한 성격으로 주위에 어울리는 사람도 많았기 때문에, 여자후배는 그와 사귀면서도 자기를 여자 친구라고 생각은 하나? 라는 의문이 들었다고 한다. 그래서 결국은 이별을 했고 이후 잊은 줄 알았는데 몇 개월 전부터 다시 만나자는 연락이 온다는 것이었다. 그 여자 후배는 헤어진 남자친구의 연락에 마음이 흔들린다고 했고, 나한테 어떻게 하면 좋을지를 물어봤다.

여자 후배의 이야기를 듣고 보니 상황이 짐작이 되었다. 지금 사귀고 있는 남자와는 아직 마음을 정하지 않은 교제 단계에 있었고, 그렇기 때문에 한동안 사랑했던 남자에 대한 미련이 아직 남아 있었던 것 같았다. 그래서 나는 여자 후배에게 다음과 같이 질문을 했다.

"헤어진 남자친구와 만나면서 이렇게 헤어졌던 경우가 처음이야?"

나의 질문에 여자 후배는 대답했다.

"아니, 사실 몇 번 이런 식으로 헤어졌었어. 나 몰래 바람을 피운 적도 있었거든. 그런데 다시는 그러지 않겠다고 해서 다시 만났었어."

나는 다시 물었다.

"그럼 그 상황에서 네가 느낀 감정은 어땠어?"

그러자 여자 후배는 갑자기 눈물을 흘리며 말했다.

"사실, 너무 힘들었어. 죽고 싶을 만큼."

나는 잠시 침묵한 후에 말했다.

"지금 사귀고 있는 남자는 어떤 사람이야?"

"정말 좋은 사람이야. 나만 바라봐주고, 그 사람이랑 같이 있으면 정말 안정적인 느낌이 들어."

내가 말했다. "그렇다면, 네가 바라는 연애는 어떤 거야, 다시 말하면 연애하는 목적이 뭐야?"

여자 후배가 말했다.

"두 사람이 함께 사랑하고 또 서로에게 믿음을 주는 거지."

나는 여자 후배의 말을 듣고 마지막 질문을 던졌다.

"네가 지금 사귀는 남자 대신 헤어졌던 남자친구를 다시 만난다면, 네가 생각하는 그런 연애를 할 수 있을까, 그리고 또다시 똑같은 이유로 헤어지지 않는다는 보장이 있을까?"

여자 후배는 한참동안 골똘히 생각하다가 고개를 숙이며 말했다.

"어려울 것 같아."

내 앞에서 한참을 흐느끼던 여자 후배는 마음의 정리가 어느 정도 된 것 같다고 하며 나에게 고맙다고 인사를 한 후, 헤어졌다.

그리고 일 년 후, 다시 여자 후배에게 연락이 왔다.

"오빠, 오빠 덕분에 마음을 다잡을 수 있었고, 양가부모님께 인사도 드렸어. 우리 결혼해."

사람은 현재에 집중하는 성향이 있다. 그렇기에 어려운 결정을 내릴 때는 항상 미래와 과거도 고려해야 한다.

KMPG 인터내셔널은 회계와 컨설팅을 전문으로 하는 다국적 기업이다. 이 회사는 146개 나라에 회원사를 두고 있으며 고용 직원 수가 14만 명이 넘는다. KMPG 인터내셔널의 회장 오켈리는 50대 중반에 말기 뇌종양을 선고 받는다. 생존할 수 있는 날이 90일밖에 남지 않았다는 선고를 받은 것이다. 하지만 그는 비록 자신의 원대한 미래 계획이 무산되었지만, 자신의 죽음을 순순히 받아들이고 자신에게 남은 생, 3개월을 의미 있게 보내기로 결심한다. 소중한 사람에게 자신의 생의 소중한 순간을 함께한 것에 대한 감사의 작별인사를 하고 짧은 시간이지만 가족들과 추억을 쌓으며 남은 생을 보내기로 결심한 것이다. 그래서 오켈리는 자신이 살아오며 맺어온 인간관계의 동심원을 그래프로 그려보았다. 그 동심원의 가장 내부에는 가족이 있었고, 가장 외부에는 사업을 하며 관계를 맺게 된 사람들이 있었다.

그는 조용히 자신의 삶을 돌이켜보았다. 그리고 자신에게 주어진 시간을 그래프의 가장 바깥쪽에 있는 사람들과 보내느라고 정작 그래프의 가장 안쪽에 위치한 소중한 가족들을 등한시했었다는 것을 깨달았다. 오켈리는 좀 더 이른 시기에 관계의 동심원을 그려보았더라면, 그리고 가족의 소중함을 알았더라면 더 행복하고 충만한 삶을 살았을 것이라는 생각을 한다. 그리고 자신에게 남은 90일의 삶을 기록한 〈인생이 내게 준 선물〉이라는 책을 남긴다.

우리도 한 번 스스로에게 질문해보자.

"나에게 남아있는 여생이 90일 정도밖에 남지 않았다면 나는 90일 동안 무엇을 할 것인가?"

"누구를 만나서 어떠한 시간을 보낼 것인가?"

"인생의 마지막 순간을 누구와 함께 하고 싶은가?"

이 질문은 우리의 초점을 현재에서 과거 또는 미래로 이동시키고, 가장 중요한 것들을 떠올리게 하는 중요한 질문이다. 이 질문을 통해, 인생의 답을 찾은 사람들도 많다고 한다.

여러분은 어떤 질문을 자주 하는가, 나는 죽음에 대한 질문들을 자주 하는 편이다.

"나는 지금 죽어도 후회 없을 인생을 살고 있는가?"

"나는 죽을 때 어떤 사람으로 기억되고 싶은가?"

이 질문에 대답하다보면 나는 마음가짐이 달라지고 행동이 달라진다. 이상적인 질문은 과거를 상기하고 미래를 구상하게 하는 질문이다. 좋은 질문은 자신을 돌아볼 수 있게 해주고, 더 나은 미래를 설계하게 한다.

기록은 기억을 지배한다

처음 책을 읽는 습관을 갖기로 결심했을 때가 생각난다. 당시 나는 책 읽는 것 자체에 의미를 두었을 뿐, 책을 읽고 난 후에 무엇을 느꼈는지 기록하지 않았다. 내가 기록의 중요성을 느꼈을 시기는 책을 50여 권 정도 읽었을 때였다. 책을 전혀 읽지 않던 내가 책에 푹 빠져 독서하는 내 모습을 본 친구가 책을 읽고 있는 내 모습이 신기했는지 자기도 책을 읽어보려고 하는데 어떤 책을 읽어야할지 모르겠다며 자신이 읽을 책을 추천해달라고 했다. 나는 자신 있게 책을 한 권 추천해줬고, 그 친구는 내가 추천한 책의 내용을 내게 물었다. 그런데 나는 그 책을 읽은 지 두 달 정도 지난 시점이라서 친구가 질문한 책의 내용이 기억이 나지 않았다. 당황한 나는 "야, 읽으면 피가 되고 살이 되는 좋은 책이야"라며 얼버무렸고, 친구는 고개를 갸우뚱하며 "인상 깊게 읽었다면서 내용을 기억하지 못하다니, 좋은 책이 아닌가보네.”라고 했다. 나는 너무 창피했고 그 이후론 책을 읽은 후엔 꾸준히 기록을 하는 습관을 갖게 됐다.

사람은 망각의 동물이다. 지금의 시점에서 느낀 감정들이 한 달이 지나고 두 달이 지났을 때도 변함없이 남아있을까? 절대 아니다. 그렇기 때문에 같은 실수를 반복하는 것이다. 하지만 그 순간의 깨달음과 감정을 최대한 남기는 방법이 있다. 그것이 바로 기록이다. 기록하는 습관을 갖고 난 후, 나는 책의 내용과 느낀 점을 최대한 나의 것으로 만들 수 있었다.

질문도 마찬가지다. 좋은 질문이 생각났거나 좋은 질문을 받았을 때 한 동안은 그 질문의 의미를 기억하지만 기록하지 않는다면, “아, 그때 그 사람이 어떤 질문을 했더라?”라며 생각이 나지 않는 것이다. 앞서 말했듯 좋은 질문은 인생을 변화시킨다. 그렇기에 기록하고 새겨두지 않으면 인생을 변화시킬 기회를 놓칠 수도 있는 것이다. 무언가를 기록하는 일은 뇌의 기능을 활성화시키고 아이디어를 떠오르게 하며 생각을 정리시켜준다.

기록하는 습관을 갖게 되면 다음과 같은 장점이 있다.

첫째, 정보의 흡수도가 증가한다. 기록은 객관적인 정보를 주관적 이해로 옮기는 행위로써 외부와 내부 세계의 연결고리를 만들어준다. 가령 자신의 수첩에 ‘생각하며 살지 않으면 사는 대로 생각하게 된다.’라는 명언을 기록했다고 가정해보자. 그렇다면, 수시로 수첩에 기록된 이 글을 보며 자신이 올바르게 살고 있는지, 시간만 축내고 있지는 않는지, 어떻게 살아야 할 것인지 등과 같은 질문을 스스로에게 던지며 자신의 생활을 한 번 더 돌아보게 된다.

두 번째, 실수가 현저히 줄어든다. 어느 날, 운동을 하던 중에 어깨가 결리는 현상이 나타났다. 몇 년 전에 어깨수술을 한 뒤로 가끔씩 오는 증상이나. 나는 시산이 시나면 괜찮겠지 하고 참고 넘기러고 했지만, 통증이 계속 심해지자 병원을 찾았다. 의사는 어깨가 결리지 않는 방법에 대해 알려주었고, 나는 그 방법들을 기록하여 수시로 확인하며 참고하였더니 그 후로 몇 년간 어깨가 결리지 않았다.

세 번째, 원활한 커뮤니케이션이 가능하다. 예전에 나는 매우 다혈질적인 성격이었다. 민감한 주제가 나오면 흥분해서 상대방과 다투는 일이 잦았다. 하지만 기록이 습관이 된 후로는 그런 일이 눈에 띄게 줄어들었다. 우선, 그런 일이 생기면 반드시 그 일에 대하여 곰곰이 생각했다. '우리가 오늘 왜 다퉜을까?', '어떤 주제가 우리를 다투게 했지?', '그 주제가 서로에게 가지는 의미는 뭘까?' 등과 같이 스스로 자문하고 거기에 대한 생각을 하다보면 '서로가 불편한 주제는 다음부터는 꺼내지 않는 것이 좋겠다.' 라든가, '이 주제를 불가피하게 다뤄야한다면, 민감하게 생각되는 부분은 꺼내지 말아야지.' 등과 같은 결론이 나온다. 일기를 쓰듯 그 날의 일에 대하여 기록을 하며 자주 내용을 살펴보다보니 언제부터인지 나에게는 누군가를 만나서 대화를 한 후에는, 그 자리에서의 대화를 시뮬레이션 하는 버릇이 생겼으며 그 후로는 예전보단 훨씬 더 이성적으로 상대방을 이해하고 대처할 수 있었다.

네 번째, 효율적으로 시간을 활용할 수 있다. 우리는 어떤 일을 할 때 온전히 나에게 주어진 시간만 활용하려고 하는 경향이 있다. 하지만 잠시 동안만이라도 그날그날의 자투리 시간을 모으면 매우 효율적인 시간 활용이 가능하다. 나는 문득 떠오르는 주제가 있으면 먼저 메모장에 기록해둔다. 예를 들어 '오늘 내가 써야 할 글의 주제는 무엇인가?'라는 메모를 기록하고, 자투리 시간을 이용하여 떠오르는 생각들을 첨가한다.

가령, '아, 오늘은 질문에 대해 글을 써보자.'라는 생각이 들면 갖가지 질문에 대해 기록하게 되고, 그러면 기록을 보며 수시로 생각하게 되며 아이디어가 떠오른다. 그 아이디어를 또 자투리 시간에 질문하며 그에 대한 답을 찾는다. 이런 과정을 반복하다보면 훨씬 더 효율적으로 시간을 활용할 수 있다.

다섯 번째, 목표를 보다 수월하게 달성할 수 있다. 2018년 초, 국가공인 직업상담사 자격증 2급을 취득했다. 직장에 근무하며 4개월 만에 필기와 실기를 치르고 합격했는데, 결코 쉬운 일은 아니었다. 나는 직업상담사 자격증이 나에게 왜 필요한지에 대한 자문을 해보았다. 그랬더니, 자신의 직업선택에 관련해서 어려움을 겪고 있는 사람들을 도와주고 싶다는 마음이 생겼고 그렇다면 충분히 취득할만한 가치가 있는 일이라는 생각이 들었다. 이런 목표 의식을 갖고 나서는 매일매일 공부할 목표치를 기록했고, 내가 이 목표를 달성해야 하는 이유에 대해 기록했다. 그렇게 동기부여를 하고 꾸준히 기록하니 흔들리지 않고 공부를 할 수 있었다.

앞서 얘기했듯 좋은 질문을 하기 위해서는 다양한 정보를 기록하며 기본적인 질문의 양을 늘려야 한다. 질문을 만드는 일은 뇌에 긍정적인 영향을 끼친다. 스스로 만든 질문이나 누군가로부터 받았던 질문 중에 좋은 것들을 기록해보자. 좋은 질문을 하기 위해서는 기록이 필요하다. 그렇게 기록된 좋은 질문들은 우리 삶을 긍정적으로 변화시킨다. 잊지 말자. 기록은 기억을 지배한다.

구체화되었다면, 실천하라

아일랜드 출신의 극작가 겸 소설가 조지 버나드 쇼는 "유능한 자는 행동하고, 무능한 자는 말만 한다"라고 했다.

말만 앞세우고 행동이 없는 생각은 백일몽에 불과하다. 지금까지 좋은 질문을 하기위해 기록한 사항들을 훈련을 통해 행동하는 방법을 배워보자.

첫 번째, 좋은 질문이라고 생각한 것들을 메모한 뒤, 그것들을 잘 보이는 곳에 붙여둔다. 내 경우에는 포스트잇으로 냉장고에 붙여놓거나 화장실 또는 책상 근처에 붙여놓았다. 그리고 스마트 폰으로 사진을 찍어서 배경화면 또는 메모 란에 저장해 두었다. 눈에 자주 노출될 경우 실천할 확률이 훨씬 높아진다. 나는 1년 단위로 큰 비전을 설정하고 그 비전에 다가가기 위한 세부 목표들을 메모하고 최대한 반복해서 확인했다.

2018년 초, 나의 스마트 폰의 배경화면에는 나의 목표가 설정되어 있었기 때문에 스마트 폰을 볼 때마다 내가 계획한 목표를 자주 확인할 수 있었다.

'연세대학교 대학원 입학하기' '직업상담사 2급 자격증 취득하기' '청소년 지도사 2급 자격증 취득하기' 'MBTI 보수 과정 수료하기' '책 한 권 집필하기'

스마트 폰 배경화면으로 이러한 목표를 설정하여 저장한 이유는 "나는 무엇을 하며 살고 싶은가?"라는 스스로의 질문에 대한 답들이었다.

현재 내가 설정한 소망들은 거의 다 이루어졌다. 이렇게 매년 나에게 필요한 질문들을 하고 그 질문들에 대한 답을 메모한 후 그것들을 최대한 눈에 띄는 곳에 배치해 둔 것은 사람은 망각의 동물이기에 자주 보지 않으면 잊어버린다는 생각과 반복확인이 행동을 만든다는 소신이 있었기 때문이었다.

나는 장기적인 목표가 아니라면 수시로 짧은 기간에 이룰 수 있는 것들을 실천하는 것이 좋다는 생각을 갖고 있다. 3년 전에 '독서를 좀 더 효율적으로 할 수 있는 방법은 없을까?'라는 질문을 스스로에게 했고 그래서 그 질문에 대한 답으로 독서모임을 만들어보자는 생각을 했다. 나는 독서모임을 만든다면 회원들이 다양한 책을 읽고 서로의 가치관을 나눌 수 있으며 또한 세상을 보는 시야가 넓어질 것이라는 생각을 했다. 나는 이러한 나의 생각을 실천할 방법을 고민했다. 그때까지만 하더라도 내 주위에 책을 읽는 사람들은 찾아보기 힘들었다. 나는 주위의 친구들을 설득했다. 그래서 처음에는 어려운 내용의 책보다는 재미도 있고 내용면에서도 의미가 있다고 생각하는 만화를 보고 각자의 다양한 생각과 가치관을 서로 의논하는 자리를 만들었다. 그 후로 우리의 독서모임은 몇 명이 참석하든지 꾸준하게 모임을 진행했다. 그렇게 만화로 시작한 독서모임은 어느덧 3년차가 되었고, 차츰 우리 지역에서 가장 규모가 큰 회원 수 300여 명의 독서모임으로 성장했다. 독서모임을 통해 나는 스스로 많은 깨달음을 얻을 수 있었다. 독서모임을 주관하는 회장을 하며 나의 부족한 점을 많이 깨달을 수 있었고, 운영 면에서도 독선적으로 모임을 이끌어가기보다는 "우리 독서모임이 어떻게 하면 좀 더 발전할 수 있을까?"라는 질문을 회원들과 함께 수시로 의논하며 부족한 부분들을 조금씩 수정하며 나갈 수 있었다.

대부분의 사람들은 '실패'를 두려워한다. 어떤 행동을 했을 때 주위의 부담스런 시선과 그 행동을 지속하지 못했을 때 "그럼 그렇지, 네가 뭘 하겠어?"라는 사람들의 부정적인 눈총을 견디기 힘들어하는 것이다. 하지만, 시도해보는 것과 시도조차 안 해본 것에는 하늘과 땅 만큼의 큰 차이가 있다. 머릿속으로 생각한 것을 실행으로 옮긴다는 것은 계획한 목표를 향해 지속적으로 노력할 수 있는 좋은 습관을 만들어주며, 그것이 반복이 되었을 때 전문화가 되고 잠재적인 능력들까지도 힘을 발휘하게 된다. 역경이나 고통이 클수록 더 무거운 무게에 견딜 수 있는 인내가 길러지는 것이다. 내가 책을 읽는다고 했을 때도, 독서모임을 만든다고 했을 때도, 책을 집필한다고 했을 때도, 강연을 한다고 했을 때도 언제나 의혹의 눈초리를 보내는 부정적인 눈들은 있었다. 하지만 그들이 나의 삶을 설정해주지 않는다. 나의 삶은 오롯이 내가 결정하는 것이다. 나는 계획한 일을 실천하면서 많은 실패를 했다. 그러나 그 실패들을 통해 다시 딛고 일어설 단단한 땅을 구축할 수 있었으며, 그 땅에서 작은 열매들이 지속적으로 자라났다. 그 열매들이 점점 자라 나무가 되었으며 그것이 지금의 나, 권민창을 만들었다고 자부한다.

강연을 하다보면 행동의 두려움에 대해 질문하는 사람들이 많다.

"강사님의 강연을 들으니 마음이 정말 뜨거워져요. 그런데 저는 무엇을 하더라도 지속적이지 못하고 일시적인 것이 문제에요. 끈기 있게 하지 못하고 작심삼일입니다. 그래서 뭔가를 하려고 하면 항상 주변에서 "너, 조금하다 그만둘 것이잖아"라고 말하고 또 그런 소리를 들은 저는 의기소침해져서 남의 눈치를 보게 되는 악순환의 연속입니다. 저 역시 답답해요. 어떻게 해야 될까요?"

이와 같은 질문에 나는 그 분에게 다음과 같이 말한다.

"이~야! 작심삼일을 끈기 있게 실천하는 능력이 있으십니다."

그러면 강연장은 웃음바다가 된다. 그리고 다시 말한다.

"작심삼일을 100번 하면 300일입니다. 그리고 중요한 것은 작심삼일을 계획하고 행동하는 사람은, 행동하지 않는 사람들보다는 훨씬 더 나은 삶을 살고 있다는 증거입니다. 적어도 무언가에 끌린다는 것은 그만큼 삶에 대한 열정이 많다는 것이니까요. 전혀 걱정하지 마세요. 100가지의 일을 하다보면 몇 가지는 끈기 있게 하고 싶은 일들이 생길 겁니다. 우직하게 한 우물을 파는 것도 바람직하지만, 최대한 많은 경험을 해보고 그 경험을 통해 자신이 무엇을 원하는지 아는 것은 더욱 중요합니다."

후회하지 않는 삶을 살기 위해서는 자신의 삶을 돌아볼 수 있는 질문이 필요하고, 그 질문에 대한 답을 실천으로 옮길 수 있는 행동이 반드시 필요하다.

나의 인생을 위해서,

어떤 질문이 필요할까요?

곰곰히 생각한 후, 자신 스스로에게 질문을 해보세요.

좋은 질문은 해답과
같은 힘을 지닌다

초판 1쇄 인쇄 | 2019년 2월 25일
초판 1쇄 발행 | 2019년 3월 1일
지은이 | 권민창
펴낸곳 | 함께북스
펴낸이 | 조완욱
등록번호 | 제1-1115호
주소 | 412-230 경기도 고양시 덕양구 행주내동 735-9
전화 | 031-979-6566~7
팩스 | 031-979-6568
이메일 | harmkke@hanmail.net

ISBN 978-89-7504-735-0 03320